westermann

EinFach
Deutsch

Juli Zeh

Corpus Delicti

Ein Prozess

... verstehen

Erarbeitet von
Sabine Mayr

Herausgegeben von
Johannes Diekhans
Michael Völkl

W0196220

Bildnachweis

|Picture-Alliance GmbH, Frankfurt a.M.: Elsner, Erwin 67.

westermann GRUPPE

© 2019 Bildungshaus Schulbuchverlage
Westermann Schroedel Diesterweg Schöningh Winklers GmbH,
Georg-Westermann-Allee 66, 38104 Braunschweig
www.westermann.de

Druck A^3 / Jahr 2022
Alle Drucke der Serie A sind im Unterricht parallel verwendbar.

Umschlagbild: stock.adobe.com: Jackson, Brian
Druck und Bindung: Westermann Druck Zwickau GmbH, Crimmitschauer Straße 43,
08058 Zwickau

ISBN 978-3-14-**022703**-2

Inhaltsverzeichnis

An die Leserin und den Leser

Wer möchte nicht gesund und körperlich leistungsfähig sein? Gesundheit und Fitness lagen schon immer im Interesse der meisten Menschen. Daher gibt es schon seit Langem vielerlei Gesundheitsratgeber, Sportvereine, Selbsthilfegruppen u. Ä., die dazu beitragen sollen, das Wohlbefinden des/der Einzelnen zu erhalten und zu fördern.

Mittlerweile ist das Interesse an Gesundheit so groß, dass z. B. Influencer und Influencerinnen für ihre privaten sportlichen und gesundheitlichen Anstrengungen im Netz regelrecht gefeiert werden und als nachzuahmende Vorbilder gelten. Heißt das also, dass Gesundheit und Fitness für ein erfülltes menschliches Leben sorgen können? Ist Gesundheit ein berechtigtes, positiv anzusehendes Ziel für das Individuum, gar für die ganze Gesellschaft? Welche Folgen ergeben sich aus diesem Ziel? Gibt es Auswirkungen auf den Zusammenhalt einer Gesellschaft und wie sehen diese aus? Welchen Einfluss hat die Absolutsetzung von Gesundheit auf den Umgang mit den Mitmenschen, insbesondere mit weniger Fitten, weniger Gesunden? Mit welchen negativen Nebenwirkungen haben diejenigen, die nach Gesundheit streben, zu rechnen? Derartige Fragen wirft Juli Zeh im vorliegenden Roman auf.

Daneben setzt sich Zeh in „Corpus Delicti" mit einem weiteren aktuellen Thema auseinander, den Folgen der Aufzeichnung und Speicherung individueller Gesundheitsdaten, flächendeckender Überwachung im öffentlichen Raum und der Sammlung aller möglichen Daten aus vielen weiteren digitalen Quellen (Stichwort *big data*): Nützen oder schaden derartige Kontrollinstrumente dem Individuum und der Gesellschaft?

Letztlich geht es der Autorin aber um die Grundfragen des Daseins, die wir uns alle immer wieder stellen oder stellen sollten: Was macht eigentlich ein Leben lebenswert und sinnvoll? Wonach lohnt es sich zu streben? Wie gelingt Leben?

Der vorliegende Band aus der Reihe „EinFach Deutsch … verstehen" möchte Ihnen zu einem tieferen Verständnis des Romans „Corpus Delicti" verhelfen, Ihnen wichtige Zusammenhänge aufzeigen und Sie auf Prüfungen über den Roman vorbereiten.

Viele interessante Denkanstöße, neue Ein- und Ausblicke bei der Beschäftigung mit den oben erwähnten Fragen und Freude bei der Lektüre des Romans wünscht Ihnen

Sabine Mayr

Der Inhalt im Überblick

In der Mitte des 21. Jahrhunderts existiert in Mitteleuropa eine Gesundheitsdiktatur, die auf dem System der sogenannten „Methode" beruht. Um das Ziel der absoluten Gesundheit durchzusetzen, werden in diesem undemokratischen Staat alle Bürger und Bürgerinnen einerseits mittels flächendeckender Propaganda auf das Staatsziel eingeschworen, andererseits durch hochmoderne Technologien lückenlos überwacht. Denn alle Menschen sind vom Staat dazu verpflichtet, alles dafür zu tun, gesund zu bleiben, indem sie sich entsprechend ernähren, genügend Sport treiben und jegliche als ungesund geltende Verhaltensweise meiden.

Die Hauptfigur ist die erfolgreiche Biologin Mia Holl. Die Wissenschaftlerin ist anfangs eine mustergültige Bürgerin des Gesundheitsstaates und voll überzeugt von der nach rein rationalen Gesichtspunkten angelegten Methode, da sie diese für menschenfreundlich hält. Denn ein methodenkonformes Verhalten verspricht allen dauerhafte Gesundheit und ein sicheres Leben. Mias engste Beziehung ist diejenige zu ihrem 27-jährigen Bruder Moritz, den sie sehr schätzt, obwohl sie hinsichtlich der Methode völlig unterschiedlicher Meinung sind.

Moritz Holl nämlich verachtet die herrschende Ideologie und deren Vorschriften. Er will das Leben in vollen Zügen genießen und dazu gehört für ihn vieles, was die Methode ablehnt bzw. verbietet: z. B. der Aufenthalt in der freien, nicht zivilisierten, ungezähmten, daher „unhygienischen" Natur, das Handeln aus dem Gefühl statt aus dem Verstand heraus, die Ablehnung staatlicher Regelungen im Bereich der Sexualität, das Hinterfragen der Ideologie, offene Kritik am System. Mia lehnt Moritz' Einstellung zu Beginn ab.

Moritz hat oft Blind Dates mit Frauen, die er über die staatliche Partnervermittlung kennenlernt. Eines Tages findet er jedoch eine Frau am verabredeten Treffpunkt tot vor. Das Ergebnis eines DNS-Vergleichs führt dazu, dass er der Vergewaltigung und des Mordes an der Frau angeklagt wird und in Untersuchungshaft genommen wird. Mit Mias Hilfe begeht er dort Suizid.

Hier setzt die Handlung ein.

Mia kann sich nicht vorstellen, dass ihr verstorbener Bruder ein Vergewaltiger und Mörder ist. Moritz' Tod macht ihr so zu schaffen, dass sie ihren gesundheitlichen staatsbürgerlichen Pflichten nicht mehr nachkommt. Letzteres wird von der Obrigkeit rasch registriert und ihr von Richterin Sophie nur für kurze Zeit als Trauerfolge zugestanden.

Mia beschäftigt sich mehr und mehr mit Moritz' Schicksal einerseits und mit seiner Systemkritik andererseits. Seine Ansichten werden dabei personifiziert in der nur von Mia wahrnehmbaren „idealen Geliebten", die ihr von Moritz anvertraut worden ist. Mia macht sich diese Ansichten dabei immer mehr zu eigen.

Ihre Auseinandersetzung mit der Methode geschieht auch in den Diskussionen mit ihrem Gegenspieler, Heinrich Kramer. Dieser ist ein Journalist, der das Grundlagenwerk der Gesundheitsdiktatur, „Gesundheit als Prinzip staatlicher Legitimation", verfasst und damit das System der Methode erfunden hat. Innerhalb des Staates hat er nach wie vor großen Einfluss und nutzt diesen skrupellos.

Mia hält sich im Lauf der Zeit immer weniger an die Regeln der Methode, sodass ihr der Prozess gemacht wird. In diesem geht es dann aber nicht nur um illegales Rauchen u. Ä., sondern sie wird überdies der Methodengegnerschaft und staatsfeindlicher Umtriebe angeklagt. Die Verhandlung erregt großes Aufsehen, denn Mias Pflichtverteidiger Rosentreter kann darin Moritz' Unschuld beweisen – wegen einer Knochenmarkspende in Moritz' Kindheit besitzen der wirkliche Vergewaltiger und er die gleiche DNA – und Mias Bruder damit rehabilitieren, was einen großen juristischen Erfolg für ihn bedeutet.

Mia Holl hingegen hat nun am eigenen Leib erfahren, wie die Methode mit Menschen umgeht, die sich, sei es bewusst oder unbewusst, nicht an die vorgegebenen Regeln halten. Dadurch wird sie immer mehr zur Methodengegnerin. Sie will offen gegen das System kämpfen und veröffentlicht daher eine Proklamation in der Zeitung „Der gesunde Menschenverstand". Dies geschieht mit Kramers Hilfe, zu dem sie eine Art Hassliebe entwickelt hat.

Es zeigt sich allerdings schnell, dass sich dieser Kampf gegen den Staat als äußerst schwierig gestaltet. So werden ihr falsche Beweise (u. a. in Form vergifteter Nahrungsmitteltuben) untergeschoben, weil man sie endgültig als Terroristin überführen will. Dabei hat sich Mia ausdrücklich von der terroristischen R.A.K. (= Recht auf Krankheit) distanziert.

Die Situation spitzt sich weiter zu, als sie inhaftiert wird: Im Gefängnis soll sie ein falsches Geständnis unterschreiben. Außerdem wird sie dort gefoltert. Als Kramer sie besucht, operiert sie sich in seiner Gegenwart ihren persönlichen Identifikations- und Überwachungschip aus dem Oberarm. Es kommt schließlich zu einem Schauprozess. Darin wird sie zur härtesten Strafe, zum Einfrieren, verurteilt. Da dies jedoch die Gefahr birgt, dass Mia Holl für andere Methodengegner und Methodengegnerinnen – insbesondere die R.A.K., die in ihr eine Symbolfigur sieht – zur Märtyrerin wird, und das auf jeden Fall verhindert werden soll, wird vom Einfrieren abgerückt. Kramer setzt durch, dass sie begnadigt und mittels einer Gehirnwäsche wieder in das gesellschaftliche System eingegliedert wird.

Die Personenkonstellation

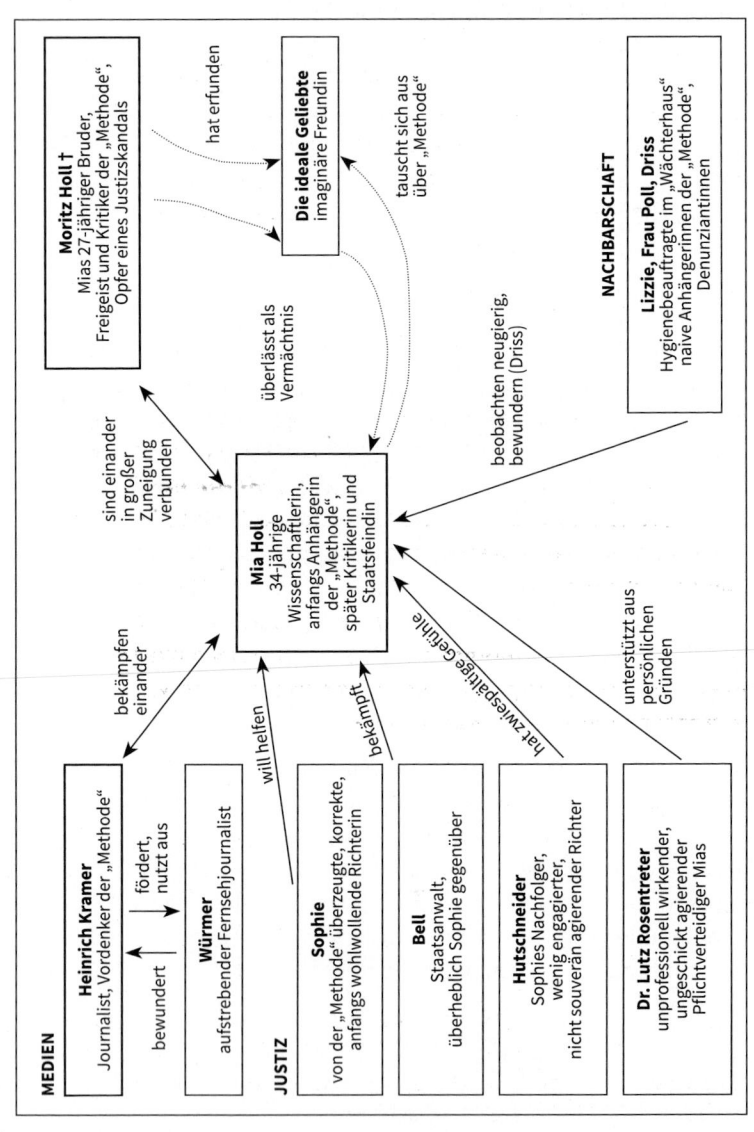

MEDIEN

Heinrich Kramer
Journalist, Vordenker der „Methode"

bewundert → ← fördert, nutzt aus

Würmer
aufstrebender Fernsehjournalist

bekämpfen einander

JUSTIZ

Sophie
von der „Methode" überzeugte, korrekte, anfangs wohlwollende Richterin

will helfen

Bell
Staatsanwalt, überheblich Sophie gegenüber

bekämpft

Hutschneider
Sophies Nachfolger, wenig engagierter, nicht souverän agierender Richter

hat zwiespältige Gefühle

Dr. Lutz Rosentreter
unprofessionell wirkender, ungeschickt agierender Pflichtverteidiger Mias

unterstützt aus persönlichen Gründen

Mia Holl
34-jährige Wissenschaftlerin, anfangs Anhängerin der „Methode", später Kritikerin und Staatsfeindin

sind einander in großer Zuneigung verbunden

überlässt als Vermächtnis

Moritz Holl †
Mias 27-jähriger Bruder, Freigeist und Kritiker der „Methode", Opfer eines Justizskandals

hat erfunden

tauscht sich über „Methode" aus

Die ideale Geliebte
imaginäre Freundin

beobachten neugierig, bewundern (Driss)

NACHBARSCHAFT

Lizzie, Frau Poll, Driss
Hygienebeauftragte im „Wächterhaus", naive Anhängerinnen der „Methode", Denunziantinnen

Inhalt, Aufbau und erste Deutungsansätze

„Corpus Delicti. Ein Prozess" besteht aus genau fünfzig relativ kurzen Kapiteln, die nicht durchnummeriert sind[1] und teilweise recht unkonventionelle Überschriften tragen. Die Handlung wird darin nicht streng ihrer zeitlichen Abfolge gemäß dargestellt, sondern die Chronologie der Ereignisse wird immer wieder durchbrochen.

Das Vorwort (1. Kapitel)

Hierbei handelt es sich nicht um ein typisches Vorwort, in dem sich ein Autor/eine Autorin oder ein Herausgeber/eine Herausgeberin an die Leser und Leserinnen eines Buchs wendet und das dem eigentlichen Werk vorangestellt ist, sondern bereits um einen Teil des Romans. „Das Vorwort" ist ein Ausschnitt aus dem fiktiven Standardwerk „Gesundheit als Prinzip staatlicher Legitimation" des Journalisten Heinrich Kramer, der eine der Hauptfiguren im Roman „Corpus Delicti" und Mia Holls Gegenspieler ist. Die Absätze aus Kramers Buch knüpfen bruchlos an die Wirklichkeit an, da sie die Definition für Gesundheit der Weltgesundheitsorganisation (WHO) aufnehmen.

Auszug aus fiktivem Grundlagenwerk der Gesundheitsdiktatur

---

[1] Im Folgenden wird den Kapitelüberschriften zur leichteren Orientierung jeweils eine Kapitelnummer zugeordnet.

> **Definition von Gesundheit bei Kramer:**
> „Gesundheit ist ein Zustand des vollkommenen körperlichen, geistigen und sozialen Wohlbefindens und nicht die bloße Abwesenheit von Krankheit" (S. 7)[1].
>
> **Definition von Gesundheit laut WHO:**
> "Health is a state of complete physical, mental and social well-being and not merely the absence of disease or infirmity."[2]

Abwandlung der WHO-Definition von Gesundheit

Kramers Ausführungen entwickeln diese Definition aber in eine völlig andere Richtung, indem sie Gesundheit zum Lebensziel des einzelnen Menschen und zum Staatsziel erheben und damit die theoretische Grundlage für die Ideologie der im Roman dargestellten Gesundheitsdiktatur darstellen.

Das Urteil (2. Kapitel)

Vorausschau: Auszug aus dem Urteil gegen die Hauptfigur

Es schließt sich ein Ausschnitt aus dem Anfang des Urteils gegen Mia Holl an, die „wegen methodenfeindlicher Umtriebe" (S. 9) „zum Einfrieren auf unbestimmte Zeit verurteilt" wird (S. 10). Da erst im weiteren Verlauf erzählt wird, wie es zu diesem Urteil kommt, und die Urteilsverkündung erst im vorletzten Kapitel des Romans erfolgt, hat dieses Kapitel die Funktion einer Vorausschau. Diese weckt die Neugier des Lesers/der Leserin darauf, wie es in einem Staat, der sich der Gesundheit seiner Bürger und Bürgerinnen verschrieben hat, zu einem derartigen Urteil kommen kann. Daneben entnehmen die Leser und Leserinnen dem Auszug aus dem fiktiven Dokument der Schwurgerichtssitzung die Namen und Berufe mehrerer wichtiger Figuren, einschließlich der Hauptfigur.

---

[1] Sämtliche Stellenangaben beziehen sich auf die im Literaturverzeichnis aufgeführte Texausgabe des btb Verlags.
[2] http://apps.who.int/gb/bd/PDF/bd47/EN/constitution-en.pdf, S. 1 (31.10.11)

Ablauf der Handlung in „Corpus Delicti"

- großteils linear
- Vorausschau zu Beginn → Spannungsaufbau
- mehrere Rückblenden → Erläuterung des Geschehens

Mitten am Tag, in der Mitte des Jahrhunderts (3. Kapitel)

In der Mitte des 21. Jahrhunderts gibt es keine Auto- und Industrieabgase mehr, sodass der Eindruck einer heilen Natur entsteht. Autobahnen und industriell genutzte Gebiete sind genauso wie Kirchen verlassen oder umgewidmet worden. Stattdessen dominieren Magnetbahntrassen, Sendetürme und Solaranlagen die Landschaft. Diese ist äußerst dicht besiedelt und wird von einer gleichförmigen, sterilen Wohnarchitektur bestimmt („Würfelhäuser", S. 11).

Schein einer heilen, aber sterilen Welt

Im Amtsgericht finden Güteverhandlungen statt, an denen mit Richterin Sophie, Staatsanwalt Bell und Rechtsanwalt Dr. Rosentreter Figuren beteiligt sind, die aus dem Urteil in Kapitel 2 bekannt sind. Es geht bei den Verhandlungen um gesundheitliche Delikte wie Koffeinmissbrauch oder die Vernachlässigung der Säuglingspflichtuntersuchungen. Die Verhandlungen werden durch die Ankunft des Journalisten Heinrich Kramer unterbrochen, der gerade rechtzeitig zum Fall Mia Holl kommt, an dem er sich hochinteressiert zeigt. Bei ihr ist „Vernachlässigung der Meldepflichten" (S. 18) festgestellt worden, d. h., sie ist ihren Verpflichtungen, ihre Schlaf- und Ernährungsberichte einzureichen, ihren Blutdruck zu messen, ihren Urin zu testen und genügend Sport zu treiben, nicht nachgekommen.

Verhandlung von Gesundheitsbagatelldelikten im Gericht

Nicht nur der Rechtsanwalt als Verteidiger, sondern sowohl der Staatsanwalt als auch die Richterin wollen es bei dem Fall erst einmal bei einer „Einladung zum Klärungsgespräch" (S. 19) bewenden lassen, doch Kramer macht die Juristen durch einen spöttischen Kommentar misstrauisch und verlässt noch vor der nächsten Verhandlung den Raum.

Kramers Aufstacheln der Justiz gegen Mia Holl

Pfeffer (4. Kapitel)

Klatsch und Tratsch in Mias „Wächterhaus" (S. 22)

Die Nachbarinnen Lizzie, die Pollsche und Driss unterhalten sich im Treppenhaus des Hauses, in dem sie wohnen und für dessen Hygiene sie zuständig sind, über ein Kinderspiel, in dem mithilfe von Pfeffer Niesen hervorgerufen und damit die ausgestorbene Krankheit Erkältung imitiert wird. Als Kramer dieses sogenannte „Wächterhaus" (S. 22) betritt, erstarren die Nachbarinnen vor Ehrfurcht, denn Kramer ist eine Berühmtheit.

Denunziationspotenzial der Nachbarschaft

Kramer fragt sie nach Mia Holl, die ebenfalls in diesem Wächterhaus wohnt und von Driss sehr bewundert wird. Die Nachbarinnen lassen Kramer ungefragt an ihrer aufmerksamen Beobachtung, dass Mia die ganze Zeit zu Hause sei, und ihrer fälschlichen Vermutung, dass Mia auf Partnersuche wäre, teilhaben. Die Nachbarinnen geben also in der Hierarchie Höherstehenden Informationen über andere ohne deren Erlaubnis weiter, um selbst in positivem Licht zu erscheinen, und nehmen zumindest in Kauf, dass sie den anderen schaden. Durch ihr Verhalten entpuppen sie sich als Denunziantinnen.

„Wächterhaus"

= ein Haus, dessen Bewohner und Bewohnerinnen besonders zuverlässig sind und daher selbst für „Aufgaben der hygienischen Prophylaxe" (S. 22) wie Desinfizierungsmaßnahmen, Kontrollen und Messungen zuständig sind
→ Verinnerlichung der Vorschriften durch die Bürger und Bürgerinnen
Auskunftsfreude der Hygienebeauftragten gegenüber Höhergestellten
→ Denunziationsgefahr
→ **typische Merkmale einer Diktatur auf der Ebene des Alltagslebens**

Die ideale Geliebte (5. Kapitel)

Mias Existenzkrise

Mia Holl sitzt in ihrer verwahrlosten Wohnung und denkt laut über ihre Existenz nach. Es handelt sich im Grund um ein Selbstgespräch, aber Mia richtet ihre Aussagen und Fragen an die „ideale Geliebte", eine von Mia nur vorgestellte Figur, die andere nicht wahrnehmen können, wie man aber erst im weiteren Verlauf der Handlung (z. B. auf S. 31) eindeutig erfährt. Mia sieht keinen Sinn im Leben, würde ihm aber gern einen Sinn geben durch kreatives Erschaffen eines sinnlosen Gegenstandes; sie bezieht sich in ihrem Gedankengang auf Ideen ihres verstorbenen Bruders Moritz, von dem sie, wie man später (im neunten Kapitel) noch erfährt, die ideale Geliebte als imaginäre Freundin übernommen hat.

Moritz hat Mia u. a. vorgeworfen, die naturwissenschaftliche Denkweise, die sie als Biologin pflegt, habe sie „verdorben" (S. 26). Das anthropozentrische[1] Weltbild sieht sie jedoch ganz wie Moritz als Fehlentwicklung, die den Menschen hilflos gemacht hat; Moritz hat stattdessen die Liebe zum Leben als zentrale Idee angesehen, womit Mia jedoch Schwierigkeiten hat, weil ihr der Begriff „Liebe" laut Moritz nichts sagt. Mia macht Notizen ihrer Überlegungen, um möglichst wenig von Moritz zu vergessen. Für sie nicht nachvollziehbar bleibt, dass Moritz einerseits die Liebe gepredigt hat, andererseits sich aber mit dem Satz „Das Leben ist ein Angebot, das man auch ablehnen kann" (S. 28) aus dem Leben verabschiedet hat.

Am Ende des Kapitels versucht ausgerechnet die nur vorgestellte ideale Geliebte, Mia auf den Boden der Tatsachen zurückzuziehen und zu trösten.

Mias Reflexion über Moritz' Meinungen und Werte

Die „ideale Geliebte" als Gesprächspartnerin

---

[1] anthropozentrisches Weltbild: Weltbild, das den Menschen als Mittelpunkt betrachtet. Es ist als Gegenentwurf zum davor dominanten theozentrischen Weltbild zu verstehen, in dem Gott als Mittelpunkt gilt.

Moritz Holls Lebenseinstellung und Weltanschauung I

- Ablehnung rein naturwissenschaftlichen Denkens
- anthropozentrisches Weltbild als Fehlentwicklung
- wesentlich: Liebe zum Leben, aber auch Selbstbestimmung über das eigene Leben

Eine hübsche Geste (6. Kapitel)

Kramer als mächtiger, strategisch geschickter Gegner Mias

Mia Holl ist überrascht, als Heinrich Kramer vor ihrer Tür steht, den sie bisher nur aus dem Fernsehen gekannt hat und den sie verabscheut, weil sie ihm die Schuld am Tod ihres Bruders gibt. Kramer reagiert charmant auf Mias schnippische Begrüßung. Sie ist skeptisch, weil er sich umgänglich gibt und ungeachtet aller gesundheitlichen Risiken sogar einen Handschuh auszieht, um ihr die Hand zu schütteln. Er hingegen behauptet, Stil sei für ihn das Entscheidende, nicht Hygiene, sodass Mia über die wahre Haltung dieses Verfechters der „Methode", d. h. der auf seinem Standardwerk basierenden Staatsideologie, verunsichert wird. Gegen Mias Willen betritt Kramer schließlich ihre Wohnung und lässt sich neben der idealen Geliebten nieder, die ihn genauso hasst wie Mia.

Kramer macht Mia klar, dass er weiß, dass Moritz die Angelschnur, mit der er sich erhängt hat, von seiner Schwester erhalten hat. Kramer scheint gleichgültig gegenüber Mias Hass, während sich die ideale Geliebte lustig über ihn macht. Mia versucht, Kramer so rational wie möglich ihre Sicht der Dinge darzulegen: Sie sieht Kramers Kampagne gegen Moritz als Grund für seine Verurteilung und damit auch seinen Suizid. Ihr Widersacher reagiert darauf, indem er sie gönnerhaft auf einen Denkfehler in ihren Überlegungen aufmerksam macht. Das verunsichert Mia noch mehr und sie offenbart ihre tiefe Verzweiflung und damit ihre mangelnde Souveränität vor dem mächtigen Gegner. Kramer reagiert auf ihren Zusammenbruch vordergründig hilfsbereit.

Genetischer Fingerabdruck (7. Kapitel)

In diesem Kapitel geht es um Moritz' Schicksal, auf das im vorausgehenden Kapitel angespielt wird. Mia Holls 27-jähriger Bruder hat sich mit einer Frau zu einem Blind Date verabredet, findet diese jedoch tot am vereinbarten Treffpunkt vor und alarmiert deshalb die Polizei. Da der Körper der Toten jedoch Vergewaltigungsspuren aufweist und angeblich nachgewiesen werden kann, dass es sich bei dem Sperma in ihrem Körper um dasjenige Moritz' handelt, wird er verhaftet.

> Rückblende

Anfangs sieht alles nach einem Routineprozess aus, der zur Verurteilung eines Vergewaltigers und Mörders aufgrund der Ergebnisse eines DNA-Tests führen wird. Moritz Holl besteht jedoch darauf, unschuldig zu sein, und wirft dem System, das ihn der Vergewaltigung und des Mordes anklagt, „Verblendung" (S. 34) vor.

> Moritz Holl – ein Vergewaltiger und Mörder?

Sein Verhalten vor Gericht löst einen Skandal in den Medien aus, die geteilter Meinung über Moritz' Haltung sind, wobei Kramer eine völlig linientreue Haltung vertritt. Mia versucht unterdessen, ihr alltägliches Leben mit Arbeit und Gesundheitsvorsorge so gut wie möglich weiterzuführen.

> Skandal

Allerdings setzt ihr Moritz' Aufenthalt im Gefängnis, in dem sie ihn täglich heimlich besucht, körperlich und geistig zu. Um nicht wegen ungewöhnlicher Messwerte aufzufallen, muss sie auf Tricks zurückgreifen – d. h., gerade in einer Phase ihres Lebens, in der es ihr schlecht geht, muss sie den Anschein von Stabilität und Gesundheit aufrechterhalten, da sie offenbar negative Konsequenzen fürchtet, anstatt Hilfe zu erhalten. Wie die Leser und Leserinnen aus dem dritten Kapitel bereits wissen, sind diese Befürchtungen durchaus gerechtfertigt.

> Mias Krise und Zwang zur Gesundheit

Keine verstiegenen Ideologien (8. Kapitel)

Kramer legt Mia Holl bei seinem Besuch seinen Standpunkt dar: Er sieht das aktuelle System als perfekt und unfehlbar

Kramers
Gespräch mit
Mia Holl über die
„Methode" als
Basis des
Systems

an, da es völlig unideologisch, unabhängig und rein rational sei, denn es stütze sich auf den „unbedingte[n], individuelle[n] und kollektive[n] Überlebenswille[n]" (S. 36), den jede Kreatur habe. Basis der Gesellschaft sei daher die „Methode", deren Ziel es sei, „jedem Einzelnen ein möglichst langes, störungsfreies, das heißt, gesundes und glückliches Leben zu garantieren. Frei von Schmerz und Leid." (S. 36) Absolut zwingend, um das System nicht zu gefährden, sei aber das Befolgen der mit der „Methode" verbundenen Regeln. Wegen der rationalen Basis des Systems können das Ergebnis eines DNA-Tests und die sich daraus ergebenden Folgerungen nicht angezweifelt werden. Der „gesunde Menschenverstand" (S. 37) sei entscheidend.

Mia zweifelt an Kramers Dogmen und wird darin von der idealen Geliebten bestärkt: Dadurch, dass der DNA-Test wie alle wissenschaftlichen Verfahren von Menschen erdacht sei, sei er notwendigerweise anfällig für Fehler. Möglicherweise sei Moritz also trotz aller gegenteiligen Anzeichen unschuldig. Kramer hingegen ist nicht gewillt, die Gegebenheiten in einem konkreten Fall zu hinterfragen, um nicht die „Methode" insgesamt zu gefährden.

Mia diskutiert mit der idealen Geliebten über den irrationalen Gehalt aller vermeintlich vernünftigen, objektiven Ansichten, was Kramer als Selbstgespräch einer psychisch geschwächten Person ansieht. Dieser Eindruck einer labilen Frau Holl dürfte durch die Unordnung in ihrer Wohnung noch verstärkt werden.

Mia legt Kramer ihr Dilemma dar: Sie betrachtet das System der „Methode" als vernünftig, aber ist gleichzeitig davon überzeugt, dass ihr Bruder unschuldig gewesen ist. Kramer rät ihr, diesen Konflikt nicht lösen zu wollen, sondern auszuhalten, was Mia überrascht, da sie angenommen hat, dass Kramer nur eindeutige Antworten kennt. Er jedoch gibt ganz selbstverständlich zu, dass das System nicht ganz widerspruchsfrei sei. Außerdem legt Kramer ihr nahe, um ihren Bruder zu trauern, aber sich gleichzeitig wieder an die Regeln zu halten und ihr Leben wieder in den Griff zu bekommen, da ihre Verstöße bereits offiziell aufgefallen seien. Mia bleibt hingegen misstrauisch und fragt ihn nach dem Zweck seines Besuchs.

Kramer eröffnet ihr daraufhin, dass er sie gern für seine Zeitung, den „Gesunden Menschenverstand", porträtieren möchte: Die „Methode" sei überlegen, obwohl es auch hier zu Konflikten zwischen persönlichem und Allgemeinwohl kommen kann; in dem Porträt solle gezeigt werden, dass Mia trotz ihrer Krise der Vernunft und dem Staat, der sich darauf beruft, vertraut. So will er durch den Prozess entstandene Zweifel in der Gesellschaft zerstreuen, eventuellen Protesten gegen das System vorbeugen und die öffentliche Diskussion in die ihm genehmen Bahnen lenken. Die ideale Geliebte droht daraufhin Mia, sie zu verlassen, falls sie sich auf Kramers Ansinnen einlässt.

Plan Kramers, Mia für seine Zwecke zu nutzen

Die „Methode"

> = auf Kramers Standardwerk basierende Staatsideologie, Grundlage der Gesundheitsdiktatur
>
> **Merkmale der „Methode" und des sich darauf stützenden Systems laut Kramer**
> - Perfektion, Unfehlbarkeit
> - rein rationale Begründungen
> - Ziel: „jedem Einzelnen ein möglichst langes, störungsfreies, das heißt, gesundes und glückliches Leben zu garantieren. Frei von Schmerz und Leid" (S. 36)
> - Voraussetzung für Funktionieren des Systems: Befolgen der Regeln, kein Hinterfragen, Ignorieren von Konflikten zugunsten des Allgemeinwohls
>
> **Einwände Mias und der idealen Geliebten**
> - Fehlbarkeit menschengemachter Verfahren
> - Unmöglichkeit reiner Rationalität und Objektivität

Durch Plexiglas (9. Kapitel)

Rückblende

Mia besucht Moritz in der bereits ein halbes Jahr dauernden Untersuchungshaft, wo sie sich durch die Sprechlöcher einer Plexiglasscheibe unterhalten, während sie von einem Gefängniswärter bewacht werden. Moritz erzählt seiner Schwester, dass er sich eine Frau erfunden hat, eine „ideale Geliebte" (S. 44), um nicht einsam zu sein.

Moritz' Vermächtnis an Mia: die ideale Geliebte

Diese will er Mia mitgeben, damit sie mit ihm in Verbindung bleibt. Sie reagiert skeptisch auf diese in ihren Augen verrückte Vorstellung und glaubt, sie habe nicht genug Fantasie dafür. Moritz hält dagegen, dass gerade die Fantasie das sei, was sie seit jeher miteinander verbinde. Seine Schwester willigt schließlich eher widerstrebend ein, seine Gabe anzunehmen.

Bewusste oder unbewusste Beihilfe zum Suizid

Im Gegenzug bekommt Moritz von ihr eine Angelschnur, die sie, von dem Wärter unbemerkt, durch eines der Sprechlöcher fädelt. Zum Abschied gibt Moritz seiner Schwester noch eine seiner Erkenntnisse mit: „‚Das Leben […] ist ein Angebot, das man auch ablehnen kann.'" (S. 46)

Die „ideale Geliebte"

- von Moritz in der Haft erfundene Partnerin
- Weitergabe an Mia als Verbindung zum Bruder
- anfängliche Skepsis Mias, aber Annahme des Vermächtnisses
- imaginäre Freundin Mias
- Diskussionspartnerin Mias: Überzeugungsarbeit in Moritz' Sinn

Eine besondere Begabung zum Schmerz (10. Kapitel)

Fortbestand von Mias Krise

Mia bemüht sich, ihr Leben wieder in geordnete Bahnen zu leiten, scheitert aber kläglich vor lauter Wut und Trauer. Sie vertraut der idealen Geliebten an, dass sie zwar nach außen hin versuche, den Anschein von Normalität so weit wie möglich aufrechtzuerhalten, aber eigentlich keinen Sinn mehr in ihrem Leben sehe. Dennoch verteidigt sie Kramers Haltung als vernünftig, während die ideale Geliebte darauf besteht, dass er fanatisch in seiner Unterstützung der „Methode" sei.

Bohnendose (11. Kapitel)

Mia wird von Sicherheitswächtern zur Untersuchung beim Amtsarzt gebracht. Er kann ihre persönlichen und gesundheitlich relevanten Daten aus einem Chip in ihrem Oberarm auslesen; dies funktioniert wie beim Scannen von Waren wie z. B. einer Bohnendose an einer Supermarktkasse. Der Arzt ist mit ihren Werten zufrieden. Mia reagiert trotzig; sie sei nicht krank bzw. kriminell, nur weil sie ihre Gesundheitsdaten nicht eingereicht habe. Der Arzt beschwichtigt sie und lässt sie unbehelligt gehen.

Zwangsuntersuchung Mia Holls

Saftpresse (12. Kapitel)

Richterin Sophie hat Mia zu einer Anhörung vorgeladen und sichtet Mias Untersuchungsergebnisse. Sie ist ein positiv eingestellter Mensch und liebt ihre Arbeit, weil sie sie als sinnvoll betrachtet und dadurch Anerkennung erfährt. Auch bei Mia Holl, die der Jüngeren sehr sympathisch erscheint, obwohl sie einen unsicheren Eindruck macht, geht sie davon aus, dass ihre Anstrengungen gewürdigt werden. Mit den Ergebnissen der ärztlichen Untersuchung zeigt sich Sophie zufrieden und fordert Mia auf, bei der Anhörung zu kooperieren.

Sophie: Hilfe für Mia als Mission

Auf die Frage, was die Vorgeladene unter Gesundheit verstehe, antwortet Mia mit einem Vergleich: Eine Saftpresse sei viel leichter auseinanderzunehmen, zu reinigen und zu warten als ein Mensch. Sophie lässt sich davon nicht beeindrucken und fragt nach den Gründen für Mias Regelverstöße. Mia unternimmt einen offen halbherzigen Versuch, sich für ihre Versäumnisse zu entschuldigen. Ihre Gesprächspartnerin zeigt sich verständnisvoll, da sie mit dem Fall Moritz Holl vertraut ist, und legt Mia nahe, Hilfe in Form u. a. einer Kur anzunehmen.

Mias Ablehnung
der Hilfs-
angebote
Mia lehnt aber alle Vorschläge ab. Sie kann sich an Sophies Anwesenheit beim Prozess gegen Moritz erinnern. Moritz hat Sophie wie allen Vertretern des Systems keine bösen Absichten unterstellt. Es wird angedeutet, dass Mia erkannt hat, dass jedoch auch aus gutem Willen Böses entstehen kann. Sophie verweist auf Mias psychische Probleme, denen abgeholfen werden sollte. Mia hält dem entgegen, dass diese Probleme ihre persönliche Angelegenheit seien, ergreift regelwidrig Sophies Hand und verweist darauf, dass niemand ihre Krise verstehe könne, auch sie selbst nicht.

Richterin Sophie

- überzeugt von der „Methode"
- juristisch korrekt und kompetent
- engagiert
- gute Absichten: zeigt Verständnis, ist um Mias Wohl bemüht
- keine echte Hilfe für Mia

→ menschenfreundliches Gesicht eines unmenschlichen Systems

Nicht dafür gemacht, verstanden zu werden (13. Kapitel)

Mias stille
Verzweiflung
Mia ist sich bewusst, dass sie Sophie ihre Situation nicht klarmachen kann, und versucht es auch nicht länger. Vom auktorialen Erzähler erfahren die Leser und Leserinnen, dass Mia nachts nicht schlafen kann, aber reglos im Bett liegen bleibt, obwohl sie so leidet, dass andere Verhaltensweisen nahelägen: vor dem Spiegel zu versuchen, sich wiederzuerkennen, obwohl sie sich ganz fremd geworden ist, in einem Ausbruch von Wut und Autoaggression eine Fensterscheibe mit bloßen Händen zu zerbrechen und in die Scherben zu greifen, um diese zu zerdrücken, und in ihrer Verzweiflung händeringend um Erlösung von der Last, die auf ihr liegt, zu bitten. Anstatt ihre seelische Not auf irgendeine Art und Weise auszuagieren, bleibt sie vollkommen passiv und leidet still vor sich hin.

Privatangelegenheit (14. Kapitel)

Richterin Sophie will wissen, was Mia unter „Privatangelegenheit" versteht. Mia betont, sie wolle nur Ruhe und Zeit. Sophie wird langsam ungehalten, da sich Mia nicht so kooperativ wie erhofft zeigt. Sie will Mia vermitteln, dass genau wie die Gesellschaft ihr gegenüber die Pflicht zu gesundheitlicher Fürsorge habe, sie selbst dafür sorgen müsse, zu vermeiden, dass diese Fürsorge notwendig werde. Mia hält dem entgegen, dass Fürsorge ja nicht notwendig würde, wenn sie das Kranksein einfach ertrüge. Dieser Vorschlag entsetzt die Richterin, denn Mia wisse gar nicht, wie schlimm Krankheit sei und dass ihr Leben dann von langsamem Verfall und Angst bestimmt wäre.

Gleichsetzung von persönlichem mit allgemeinem Wohl in der „Methode"

Sowohl das staatliche als auch das persönliche Interesse sei, Krankheit um jeden Preis zu vermeiden, und das erlaube keine „Privatangelegenheiten". Mia bekennt sich daraufhin ausdrücklich zur „Methode", appelliert aber an das Verständnis für ihre schwierige persönliche Lage und verlangt noch einmal Ruhe.

Ziel der „Methode": Vermeidung jeder Krankheit

Sophie resigniert vor Mias Sturheit und verzichtet darauf, Hilfen für Mia anzuordnen, stellt aber im Rahmen einer letztverbindlichen offiziellen Verwarnung die Bedingung, dass sich Frau Holl nichts mehr zuschulden kommen lassen dürfe. Dies verspricht Mia halbherzig.

Verwarnung Mias

Fell und Hörner, erster Teil (15. Kapitel)

Moritz führt seine Schwester in ein Gebiet, das jenseits der desinfizierten, hygienisch als unbedenklich geltenden Bereiche liegt. Es handelt sich dabei um ein Gelände an einem Flussufer mit Büschen und Bäumen und einer Lichtung, die von Moritz als „Kathedrale" bezeichnet wird, da er dort gern „betet", was für ihn „reden, schweigen und angeln bedeutet" (S. 60). Mia ist von der Idee, dorthin zu gehen, anfangs alles andere als begeistert und ekelt sich z. B. davor, auf dem Boden zu sitzen.

Rückblende: In der „Kathedrale"

Moritz'
unverbindliche
Dates

Moritz erzählt ihr von seinem letzten Date. Dieses hat er wie die zahlreichen anderen Frauen, mit denen er sich verabredet, über die „Zentrale Partnerschaftsvermittlung" kennengelernt. Als potenzielle Partner für eine Beziehung werden hier Personen vermittelt, die kompatibel hinsichtlich ihrer Immungruppe sind, um gesunde Nachkommen zu gewährleisten. Mia möchte, dass Moritz die nächste Frau mit seriösen Absichten und nicht nur zum unverbindlichen Sex trifft, wie er das bisher getan hat. Davon will Moritz aber nichts wissen. Er erschreckt Mia, die Mikroben erforscht, indem er so tut, als sei das Reh am gegenüberliegenden Flussufer ein Riesenbakterium „[m]it Fell und Hörnern" (S. 62). Mia gibt zu, dass sie Moritz' Lebenseinstellung nicht versteht. Moritz, der einen Mundschutz als Stirnband trägt, erzählt seiner Schwester davon, dass er von einer lebendigen Stadt träume, in der es u. a. schadhafte Gebäude, laute Musik, Rauch, Spiele, Schmutz, Improvisation, Wein, Gefühle, Matsch, durch den man waten kann, gebe.

Provokation von
Mia durch
Moritz'
Ablehnung der
Regeln der
„Methode"

Mia hingegen findet diese Vorstellung abstoßend, was ihren Bruder nicht überrascht, sondern lediglich belustigt. Als ihr Bruder Anstalten macht, eine Zigarette anzuzünden, will Mia ihn vom Rauchen abhalten.

Moritz Holls Lebenseinstellung und Weltanschauung II

- Vorliebe für nicht desinfizierte, „unhygienische" Umwelt
- Naturgenuss (Wald, Angeln am Fluss)
- Ausleben seiner sexuellen Bedürfnisse mit wechselnden Partnerinnen
- Ideal: unperfekte, aber lebendige Welt
- Konsum von Genussgiften (Nikotin)

Rauch (16. Kapitel)

Driss' naive
Bewunderung
Mias

Driss hat Mia schon immer bewundert. Sie hat sich im Treppenhaus vor Mias Wohnung hingesetzt und stellt sich in einem Tagtraum ganz naiv vor, dass aus Kramer und Mia ein

Liebespaar wird. Als sie plötzlich Rauch riecht, denkt sie, es wäre ein Feuer ausgebrochen, und löst Alarm aus. Dabei hat sich Mia lediglich zur Erinnerung an Moritz eine Zigarette angezündet, obwohl sie es zu seinen Lebzeiten abgelehnt hat, dass er geraucht hat.

Keine Güteverhandlung (17. Kapitel)

Zwei Tage nach der Verwarnung durch Sophie ist Mia Holl erneut vor Gericht geladen worden, und zwar wegen „Missbrauch[s] toxischer Substanzen" (S. 67). Die Richterin ist erzürnt darüber, dass Mia ihr Versprechen nicht gehalten hat, und kündigt ihr einen Strafprozess an. Doch Mia, die früher jede Frage korrekt hat beantworten können, reagiert nicht auf die Fragen der Richterin, weil sie nicht weiß, was sie sagen soll, und sich selbst nicht recht erklären kann, warum sie gegen die Regeln verstoßen hat.

Anklage wegen Rauchens

Sie verweist darauf, dass sie wegen Moritz zur Zigarette gegriffen habe, der das Rauchen wegen des damit einhergehenden Gefühls der Freiheit geschätzt habe. Sophie zeigt sich im Gegensatz zu Staatsanwalt Bell, der offenbar weder Verständnis für Mia aufbringt noch eine faire Zusammenarbeit mit der Richterin anstrebt, interessiert an Mias Aussage. Mia sagt aus, dass sie sich ihrem Bruder nahe fühlen wolle und dass sie ihn auch wahrnehmen und sich mit ihm austauschen könne. Sie sei in Gedanken ständig bei ihm und das Rauchen erinnere sie u. a. an seine Lebenslust. Sie empfindet es als Ironie des Schicksals, nun wie Moritz vor der Richterin als Angeklagte zu sitzen. Sophie, immer noch wohlwollend erscheinend, will Mia vor sich selbst schützen und ordnet eine Aussetzung der Verhandlung und die Bestellung eines Pflichtverteidigers für Mia an. Die von Bell beantragte Anzahl von Tagessätzen der verhängten Geldstrafe setzt Sophie ebenfalls drastisch herab.

Rauchen als Verbindung zum toten Bruder und zu seinen Idealen

Als Richterin und Staatsanwalt den Raum verlassen haben, stellt sich der die ganze Zeit über im Hintergrund anwesen-

Dr. Rosentreter als Mias Pflichtverteidiger

de Vertreter des privaten Interesses als Mias Anwalt namens Rosentreter vor.

Ein netter Junge (18. Kapitel)

Unprofessionelle Wirkung des Verteidigers

Dr. Rosentreter wirkt jungenhaft, unsicher und ungeschickt. Er präsentiert sich als Bewunderer Mias und versucht, sie hinsichtlich des anstehenden Prozesses zu beruhigen, was ihm aber nur bedingt gelingt. Mia reagiert erst schnippisch, zeigt aber Interesse, als er erwähnt, dass er Moritz vom Prüfen des monatlichen Methodenschutzberichts kenne. Mia hält Rosentreter für unprofessionell, und obwohl sie fehlende Professionalität eigentlich verabscheut, beruhigt sie seine Anwesenheit in ihrer prekären Lage.

Mias Befremden über Einstufung Moritz' als Widerstandskämpfer

Ihr Verteidiger berichtet ihr, dass Moritz vom Methodenschutz beobachtet worden sei. Das erscheint Mia vollkommen abwegig. Für sie war ihr Bruder albern und freiheitsliebend, aber kein Widerstandskämpfer. Rosentreter klärt seine Mandantin nun auf, dass Sophie die Verhandlung ausgesetzt habe, weil sie eine „methodenschutzrechtliche Komponente" (S. 73) bekommen habe, was Mia ihm aber nicht glaubt.

Anfängliche Ablehnung von Rosentreters Strategie

Sie will stattdessen seine Strategie für den Prozess erfahren. Seinen Plan, die festgesetzten Tagessätze anzufechten, hält Mia nicht für sinnvoll. Sie ist auch nicht davon überzeugt, dass er sie erfolgreich „[g]egen die Anschuldigungen der Staatsanwaltschaft und das Ansinnen des Gerichts, [s]ie für eine besonders schwierige Lebenssituation haftbar zu machen" (S. 74), verteidigen wird. Wenn es nach ihr geht, würde sie einfach schweigen und nichts weiter unternehmen. Rosentreter hält sie für verrückt, weil ihm klar ist, dass Mia als Methodenfeindin betrachtet werden wird. Mia andererseits betrachtet ihn als unreif und vertraut auf die „Methode" bzw. die Vernunft, gegen die sie sich ja mitnichten richte, und will ihren Verteidiger am liebsten loswerden. Er dagegen präsentiert sich als ihr Helfer, der bei ihr einen Härtefall vorliegen sieht und sie schützen will, wodurch er letztlich ihr Vertrauen und das Einverständnis in seine Strategie gewinnt.

Dr. Rosentreter

- mangelnde professionelle Ausstrahlung
- dennoch gewisse beruhigende Wirkung
- Hintergrundwissen über Moritz und das Prozedere
- scheinbar durchdachte, aber im Widerspruch zu Mias Wünschen stehende Strategie

→ ambivalente Haltung Mias

Wächter (19. Kapitel)

Mia geht ihren Nachbarinnen, derentwegen sie des Rauchens überführt worden ist, aus dem Weg. Dadurch, dass die Pollsche betont, im Haus würde nicht denunziert, fällt gerade dieser Verdacht auf sie. Die Nachbarinnen wollen Mia ihre Hilfe aufdrängen, die diese aber ablehnt. Driss, die immer noch voller Bewunderung für Mia ist, würde ihren Fehler gern wiedergutmachen, stößt aber ebenfalls nur auf Ablehnung. Mia glaubt nicht an ein Missverständnis, sondern an gezielte Denunziation, zumal die Nachbarinnen explizit darauf hinweisen, dass es sich bei dem Haus um ein Wächterhaus handelt, und befreit sich gewaltsam aus dem Griff Lizzies, die sie die ganze Zeit über festgehalten hat. In diesem Augenblick wird Mia klar, dass sich die Nachbarinnen rächen werden.

Konflikt Nachbarinnen – Mia

In der Kommandozentrale (20. Kapitel)

Mia hat ihren Körper bislang als eine Maschine betrachtet, die entsprechend den Befehlen des Gehirns als der „Kommandozentrale" (S. 79) zu funktionieren hat. Sie schickt sich an, den Hometrainer, auf dem sich ein gewaltiger Trai-

Erinnerungen an den Bruder vs. Methodenkonformität

ningsrückstand angesammelt hat, wieder zu verwenden, ist aber vermutlich mit den Gedanken wie fast immer bei ihrem Bruder. Vom Wachhalten der Erinnerung an Moritz scheint die gesamte Existenz abzuhängen. Ihr ist mittlerweile aufgefallen, dass ihr Gehirn zwar anderen Körperteilen Befehle erteilen kann, nicht aber sich selbst. Daher kann sie das Nachdenken nicht abstellen. Durch Rosentreters kindliches Auftreten hat sie aber etwas Hoffnung geschöpft. Sie nimmt an, sie könne das Denken an Moritz mit dem Erfüllen ihrer Pflichten verbinden. Der Sport fällt ihr leicht, gesund eingekauft hat sie auch – Mia ist voller Vorsätze, ihr Leben wieder methodenkonform zu gestalten.

Widerspruch der idealen Geliebten

Die ideale Geliebte allerdings hat für all dies nur sarkastische Kommentare übrig, denen Mia jedoch anfänglich widerspricht. Auch versucht sie sich an einer distanzierteren Sichtweise von Moritz' Einstellung. Aber die ideale Geliebte weist sie auf ihren Irrglauben hin, alle widerstreitenden Kräfte in ihrem Innern miteinander in Einklang bekommen zu können: „„Was dich von innen vergiftet, ist die faule Stelle in der Mitte des Systems."" (S. 81) Mia wirft ihr vor, sie könne genauso wie Moritz nicht verstehen, was in ihrem Innern vor sich gehe, und betont, dass sie Widerstandsbestrebungen für dumm und narzisstisch halte. Die ideale Geliebte stößt sie darauf, dass sie unbewusst Kramers Ideologie übernommen hat. Mia hält ihr entgegen, dass sie sich in Kramer getäuscht haben könnten, dass er durchaus vertrauenswürdig sein könnte. Als ihre imaginäre Gesprächspartnerin sie darauf hinweist, dass Kramer immerhin für die Verurteilung des unschuldigen Moritz verantwortlich sei, lässt sich Mia etwas verunsichern.

Aufgeben der Vorsätze

Der idealen Geliebten gelingt es bald, Mia vor dem Ende der Trainingseinheit vom Hometrainer zu sich auf das Sofa zu locken. Die ideale Geliebte wirft die Einkäufe auf den Boden und schaltet den Fernseher an.

Recht auf Krankheit (21. Kapitel)

Im Fernsehen kommt die Talkshow „Was Alle Denken", die vom Journalisten Würmer moderiert wird. Würmer fühlt sich sehr geehrt, da er Kramer als Experten für „Anti-Methodismus" (S. 83) zu Gast hat, der für ihn persönlich nicht nur Mentor, sondern das wichtigste Idol ist. Würmer erwähnt gerade die Terrorgruppe „R.A.K." (= Recht auf Krankheit), deren Ziel der „Methode" zutiefst widerspreche und die er für geisteskrank hält.

Würmers Bewunderung für Kramer

R.A.K. = Recht auf Krankheit

> Der Name R.A.K. ist eine Anspielung auf die RAF, die Rote Armee Fraktion, eine linksextremistische Terrorvereinigung, die von den 1970er-Jahren bis in die 1990er-Jahre hinein in der Bundesrepublik zahlreiche Anschläge, Überfälle, Geiselnahmen, Entführungen und Morde verübte und Unterstützung durch Sympathisanten und Sympathisantinnen in der Bevölkerung erfuhr.

Kramer hält dem entgegen, dass die R.A.K.-Mitglieder weder verrückt noch organisierte Kriminelle seien: „‚Die Methodenfeinde stehen in lockerer Verbindung zueinander, was die Bedrohung noch größer macht'." (S. 84) Dadurch, dass Kramer behauptet, dass es keine klar umrissene Vereinigung gebe, impliziert er, dass einerseits R.A.K.-Angehörige überall zu vermuten seien und man andererseits leicht in den Verdacht geraten könne, selbst die R.A.K. zu unterstützen. Würmer sieht in der irrationalen Ausrichtung der R.A.K. eine Rückwendung ins 20. Jahrhundert; dem stimmt Kramer zu. Mia möchte die Sendung nicht länger anschauen, doch die ideale Geliebte besteht darauf wegen Kramer.

Kramer: Allgegenwart des Anti-Methodismus

Kramer sieht den Anti-Methodismus als eine Bewegung, welche die Aufklärung – auf der ja auch die „Methode" beruhe – falsch verstanden habe, rückwärtsgewandt sei und den Begriff der Freiheit entsprechend entstellt verwende. Außerdem betont er, dass die Gegner der „Methode" oft ursprünglich Anhänger gewesen seien und aus der gesellschaftlichen Mitte stammten. Diese Behauptung unterstreicht noch einmal, dass prinzipiell alle verdächtig sind, Methodengegner zu sein, was einerseits Misstrauen gegenüber den Mitmenschen sät und andererseits zeigt, wie gefährdet das Individuum in diesem System z. B. durch Denunziation ist. Kramer und Würmer sind sich einig, dass ein kranker Mensch nicht frei sein könne. Kramer betrachtet die Methodenkritiker daher als zynisch. Ihre falsche Auffassung rühre daher, dass sie Krankheiten und körperliche Einschränkungen gar nicht aus eigener Erfahrung kennten.

Direktes Abzielen von Kramers Ausführungen auf Mia

Mia fühlt sich von Kramers Ausführungen zutreffenderweise direkt gemeint, da dieser als Beispiel eine 34-jährige Frau anführt, die sich in einer Krisensituation befinde und fälschlicherweise aus ihrer privaten Krise den Schluss ziehe, es liege ein Fehler im ganzen System vor. Kramers Argumentation kommt Mia bekannt vor, da sie diese früher auch gegenüber Moritz angewandt hat. Die ideale Geliebte will Mia dazu bringen, eindeutig Stellung zu beziehen, Mia ist jedoch nach wie vor der Meinung, dass Kramer „genauso sehr recht oder unrecht hat wie seine Gegner" (S. 86). Kramer, der im Studio als bescheidener Bestsellerautor auftritt, beschreibt, wie die Frau in seinem Beispiel sich von der Normalität Richtung Anti-Methodismus entfernt, wobei er als normal ansieht, wenn sich allgemeines und persönliches Wohl decken.

Kriegserklärung gegen Methodengegner

Würmer zeigt sich enthusiastisch über Kramers Ausführungen. Dieser erwähnt, dass mit einer enormen Zunahme methodenfeindlicher Umtriebe gerechnet werde und entsprechende Vorkehrungen getroffen würden, und weist in diesem Zusammenhang auf die Entstehung der „Methode" hin: Nach dem Werteverfall in der zweiten Hälfte des 20. Jahrhunderts, der damit verbundenen Unsicherheit und Angst sei es zu chaotischen, gefährlichen Zuständen gekommen; die „Methode" habe damals wirksame Abhilfe

geschaffen und sei daher der Garant für sichere Verhältnis-
se und Wohlbefinden. Daher sei Anti-Methodismus als
„kriegerischer Angriff" gegen das System zu verstehen,
dem „mit Krieg" entgegenzutreten sei (S. 89). Nach dieser
Drohung geht die Talkshow unter stürmischem Applaus
des Publikums zu Ende und die ideale Geliebte weist Mia
explizit darauf hin, dass Kramer sie persönlich angesprochen habe.

Medien als Manipulationsmittel der „Methode"

- Propaganda im Sinne des Systems
- Ziel: Gleichschaltung der Bevölkerung (siehe Name der Talkshow „Was Alle Denken")
- Einschwören auf geltende Ideologie
- keine Gegenmeinungen in Diskussionssendung
- Säen von Misstrauen gegenüber potenziellen Methodenfeinden und -feindinnen → Denunziation
- Abwertung der Gegner und Gegnerinnen
- Kampagne gegen dem System missliebige Bürger und Bürgerinnen, insbesondere Mia Holl
- Kriegserklärung gegen Methodengegner und -gegnerinnen

Das Ende vom Fisch (22. Kapitel)

Es gibt zwar immer wieder Meinungsverschiedenheiten
zwischen Mia und Moritz, aber eines Tages streiten sie sich
heftig. Sie gehen „an der Grenze des Sperrgebiets" (S. 90)
spazieren, wo auf einem Schild das Verlassen der hygienischen Bereiche unter Strafe gestellt wird, worüber sich Moritz lustig macht und hinwegsetzt. Er nimmt Mia gegen ihren Willen in die Freiheit des Waldes mit. Mia mag Moritz,
auch wenn sie seine Vorlieben, z. B. das Angeln und das
Essen des eigenen Fangs, nicht verstehen kann.

Es stört sie, als Moritz im Detail von seinem letzten Date
erzählt, und will ihm klarmachen, wofür die Zentrale Partnervermittlung eigentlich gedacht ist, worauf er jedoch er-

Rückblende: Besuch Mias im „Sperrgebiet" mit Moritz

Moritz' Vorwurf des Mangels an Menschlichkeit und Liebes-fähigkeit

bost reagiert: Er spricht ihr Menschlichkeit und die Fähigkeit zu lieben ab.

Schmerzen, Scheitern und Tod als Teil des Lebens

Im Folgenden versucht er, ihr wieder einmal zu verdeutlichen, was für ihn Menschsein und Liebe bedeutet, nämlich sich nicht der Natur zu unterwerfen, sondern selbstständig und frei über das eigene Leben zu entscheiden, z. B. hinsichtlich Sexualität, Drogenkonsum, Riskieren von Gefahren, auch wenn dies mit Schmerzen und Scheitern und letztlich dem Tod verbunden sein könne. Mia ist gekränkt und wirft ihm Feigheit vor, weil er letztlich doch von der Sicherheit des Systems abhänge. Moritz entgegnet seiner Schwester, dass absolute Sicherheit nur erreichbar sei, wo wahres Leben nicht mehr stattfinde. Er wirft ihr außerdem vor, ihn nicht verstehen zu wollen und im Grunde menschenverachtend zu sein. Mias Einwand, dass er aus Selbsthass, der suizidale Züge trage, überholten Ideologien nachhänge und sich gegen das System stelle, hält Moritz entgegen: „Nur wenn ich mich auch für den Tod entscheiden kann, besitzt die Entscheidung zugunsten des Lebens einen Wert!'" (S. 94) Er hält im Gegensatz zu Mia den Tod für einen Teil des Lebens, nicht das Gegenteil davon.

Moritz' Erfahrung von Sterblichkeit

Ihr Unverständnis führt er darauf zurück, dass sie nicht wie er schon einmal die Erfahrung, sterblich zu sein, gehabt hat. Mit sechs Jahren ist Moritz durch einen Spender das Leben gerettet worden. In dem ganzen Streitgespräch vermisst Mia Moritz' gewohnte Leichtigkeit.

Moritz' scheinbar gleichgesinnte Partnerin

Er erklärt dies damit, dass er seinem Date Sibylle Meiler an diesem Abend seine Lebenseinstellung darlegen wolle, da er vom Schreiben mit ihr den Eindruck gewonnen habe, dass sie genauso systemkritisch sei. Er glaubt daher, Sibylle sei endlich die Partnerin, die er gesucht habe.

Moritz Holls Lebenseinstellung und Weltanschauung III

- Hinwegsetzen über für ihn unsinnige Regeln
- Anerkennen der absoluten individuellen Selbstbestimmung
- freie Entscheidung über eigenes Leben in allen Bereichen
- Gefahren, Schmerzen, Krankheit und Tod als Teile des Lebens
- Preis absoluter Sicherheit: Lebensfeindlichkeit

Der Hammer (23. Kapitel)

Sophie weckt Mia während ihres Verfahrens durch die Schläge mit dem Gerichtshammer und ist wütend, weil sie sich in der Beschuldigten getäuscht zu haben glaubt. Sie vermutet, dass Mia entweder charakterlich verdorben sei oder unter einer Depression leide, was sie beides für verwerflich hält. Hingegen bedauert sie Rosentreter ein wenig, weil er von Mia überfordert sein müsse. Die Richterin ist empört darüber, dass Mia die äußerst milde Geldstrafe, die sie verhängt hat und wodurch sie ihr entgegenkommen wollte, anficht und setzt sie von zwanzig Tagessätzen auf die ursprünglich vom Staatsanwalt verlangten fünfzig Tagessätze herauf. Mias Hinweis darauf, dass sie ihren gesundheitlichen Pflichten wieder nachkomme, wischt Sophie vom Tisch.

Sophies Enttäuschung und Wut

Rosentreters weitere Interventionen sind wiederum nicht im Sinn Mias und wirken kontraproduktiv. Zudem gehen der Staatsanwalt und die Richterin, die sich zwar im Lauf des Verfahrens immer mehr gegen Mia verbünden, aber weiterhin einen Machtkampf führen, irrtümlicherweise davon aus, dass Rosentreters Strategie auf Mias eigene Initiative zurückgeht.

Rosentreters kontra- produktive Verteidigungs- strategie

Auch als Rosentreter im Verfahren „wegen Missbrauchs toxischer Substanzen" (S. 101) einen Härtefallantrag stellt, nehmen sie an, dass sei Mias Idee, und Sophie fühlt sich in ihrer Kompetenz angegriffen. Mia will richtigstellen, dass der Antrag Rosentreters Vorschlag gewesen sei, doch das gelingt ihr nicht. Stattdessen bewirkt er einen weiteren Ein-

Kränkung Sophies

trag in ihre Akte, nämlich dass Mia sich die Einmischung der Behörden verbitte. In der Begründung des Antrags sagt Rosentreter, Moritz sei „der Implementierung der METHODE zum Opfer gefallen" (S. 103), was Sophie für völlig unangebracht hält, da Mia kein Opfer eines schweren Justizirrtums sei.

Zuspitzung von Mias Situation So lehnt sie den Antrag ab, verurteilt Mia zu zwei Jahren auf Bewährung und teilt ihr mit, dass der Methodenschutz von dem Härtefallantrag informiert werden müsse.

Which Side Are You On (24. Kapitel)

Die ideale Geliebte empfiehlt Mia, „Which Side Are You On?" (S. 105) als persönliche Hymne zu wählen.

„Which Side Are You On?"

ist ein traditionelles Protestlied und stammt aus der amerikanischen Gewerkschaftsbewegung. Es wurde von Florence Reece 1931 verfasst und enthält u. a. die Verse: „Don't scab[1] for the bosses,/Don't listen to their lies./Us poor folks haven't got a chance/Unless we organize."[2]

Vorwurf Mias an Rosentreter: Verschlimmerung durch seine Strategie Rosentreter hat die nach dem Gerichtstermin verwirrte Mia nach Hause begleitet. Sie nimmt Beruhigungstabletten und teilt ihr Befremden über Rosentreter, den sie nicht als Unterstützung empfindet, der idealen Geliebten mit. Mias Vorwurf, ihr Verteidiger habe sie „vor Gericht ans Messer geliefert" (S. 106) und ihre Situation gravierend verschlimmert, sodass eigentlich juristisch gegen ihn vorgegangen werden müsste, weicht Rosentreter in einem Exkurs über die Folter aus. Sie will ihm nicht sagen, dass sie ihren Bruder für unschuldig hält, was ihr Anwalt aber annimmt. Dabei beruft er sich auf nicht methodenkonforme Vorstellungen.

---

[1] to scab = einen Streik brechen
[2] http://sex.ncu.edu.tw/members/Ho/study/2006spring_oraltraining/st2006s_coalmines-whichside.htm (18.10.2018)

Er missversteht ihre Äußerungen, die an die ideale Geliebte gerichtet sind, und bietet ihr das Du an, da sie ja Verbündete seien. Was vor Gericht passiert ist, tut er als Lappalie ab und kündigt an, in die nächste Instanz zu gehen. Mia gibt ihm zu verstehen, dass seine Agenda nicht unbedingt ihre ist, und hält ihm vor, dass er die Meldung an den Methodenschutz verursacht hat und sich unprofessionell verhält.

Rosentreters Wunsch: Mia als Verbündete

Rosentreter, der mittlerweile davon irritiert ist, dass Mia gelegentlich mit einem unsichtbaren Gegenüber spricht, ist dagegen der Überzeugung, dass sie sich im weiteren Prozess auf das Menschenwohl, auf das sich ja die „Methode" ausdrücklich berufe, beziehen sollten. Mia erkennt, dass es ihm nicht in erster Linie um ihre Verteidigung geht, sondern um einen grundsätzlichen Angriff auf das System, was er bestätigt. Dennoch wird Mia nach wie vor nicht schlau aus Rosentreter und verlangt, dass er ihr seine Absichten offenlegt, ehe er sie im Verfahren für sich ausnutzt.

Rosentreters Ziel: Angriff auf das System

Unzulässig (25. Kapitel)

Rosentreter erzählt Mia davon, dass er eine Frau liebe, mit der er aber keine Beziehung haben dürfe, weil sie immunologisch nicht kompatibel seien. Dass das seine Motivation für seinen Kampf gegen die „Methode" ist, kann Mia kaum glauben, und sie legt ihm nahe, dass er doch ein Verhältnis mit dieser Frau haben könne. Aber Rosentreter besteht auf einer öffentlich anerkannten Beziehung, sieht sich aber durch die „Methode" als Kapitalverbrecher eingestuft.

Rosentreters verbotene Liebe

Mia kann diese Einwände nicht ernst nehmen und betrachtet Rosentreters Problem als eine vernachlässigenswerte private Lappalie. Er drängt sie dazu, endlich zum Du überzugehen. Gleich darauf wirft er ihr vor, sie sei eine „verbitterte, einsame Rationalistin", die „keine Ahnung von Glück" (S. 114) habe, was die ideale Geliebte als zutreffend betrachtet. Mia ist erbost und zeigt ihm ein Bild, auf dem der erhängte Moritz zu sehen ist.

Mias Unverständnis für seine Motivation

Beweis von
Moritz' Unschuld
als neue Mission
Rosentreters

Ihr Anwalt erkennt, dass Mias Leid größer ist als sein eigenes, und zeigt sich nun verständnisvoll. Er schlägt vor, Akteneinsicht in die Sache Moritz Holl und eine Wiederaufnahme zum Beweis von Moritz' Unschuld zu beantragen, um die „Methode" zu Fall zu bringen. Die ideale Geliebte zeigt sich sehr angetan von der Idee.

Schnecken (26. Kapitel)

Kramers
Überraschungs-
besuch

Kramer tut so, als schaue er zufällig bei Mia vorbei, und wirkt bester Laune. Rosentreter ist von dem Besuch erschreckt, obwohl damit zu rechnen gewesen ist, dass Kramer sofort von dem Antrag auf Härtefall gehört hat.

Rosentreters
Angst vor
Kramer

Dieser macht sich über den Anwalt lustig, der wiederum wegen seiner verbotenen Liebschaft Angst vor Kramer hat. Kramer entschuldigt sich indessen bei Mia, dass er das Interview, um das er sie gebeten hat, absagen müsse, denn: „‚Die Dinge entwickeln sich in eine andere Richtung.'" (S. 118). Mit gönnerhafter Genugtuung äußert er sich über die Unruhe, die Mia verursacht hat, und gibt sich verwundert, als Mia auf Rosentreter als den Unruhestifter verweist. Rosentreter versucht, durch die Frage nach dem Interview von sich abzulenken, und Kramer beleidigt ihn offen, was ihn noch weiter verunsichert. Kramer ist sich im Klaren darüber, dass Mia mit Rosentreter über Moritz gesprochen hat, und betont, dass dieser nicht gefoltert worden sei, da man heutzutage Erkenntnisse aus der Auswertung großer Mengen von Informationen erhalte, die als Ersatz für ein Geständnis dienen könnten und größtmögliche Fairness garantierten.

Kramers
Interesse an
Mias Bruder

Als Kramer Mia ausdrücklich nach ihrem Bruder fragt, will Rosentreter verhindern, dass Mia antwortet, doch Kramer hält ihm vor, dass sich der Verteidiger mit den Prozessakten Moritz' ausführlich beschäftigt habe und damit wohl nicht nur den Härtefallantrag begründen wolle. Mia will wissen, worüber die beiden sich streiten, und Kramer unterstellt Rosentreter, sich aus Prestigegründen mit dem

Fall Moritz Holl beschäftigen zu wollen; dem widerspricht der Anwalt nicht. Kramer setzt Glauben und Wissen mehr oder weniger gleich und behauptet, Wahrheit sei etwas Relatives und müsse auch nach ihrer Nützlichkeit beurteilt werden; Moritz' Fall sei für alle drei faszinierend, wenn auch aus unterschiedlichen Gründen. Er gibt vor, von Mia die Wahrheit über Moritz erfahren zu wollen.

Gegen den Willen der idealen Geliebten erzählt Mia mit dem Rücken zu ihren Besuchern von Moritz' Liebe zur Natur und zu allem Lebendigem, z. B. zu den Schnecken, die Moritz bis zu seiner Krankheit im gemeinsamen Kinderzimmer gehalten habe. Währenddessen untersucht Kramer heimlich Mias Schreibtisch.

Moritz Holl als großer Naturliebhaber

Rosentreter und Kramer ist Moritz' Krankheit, die mittlerweile aus den Akten gelöscht ist, völlig neu. Während Mia darauf beharrt, dass Moritz geheilt gewesen sei, wäre nach Kramer im Verfahren seine Krankheit zu berücksichtigen gewesen: „Einmal krank, immer krank […] Das prägt.'" (S. 124) Mia verweist darauf, wie Moritz' Heilung durch die „Methode" sie nachhaltig beeinflusst habe. Gerade als sie auf Rosentreters Nachfrage hin erklärt, dass Moritz unter Leukämie gelitten habe, erwischt sie Kramer dabei, wie er das Foto ihres erhängten Bruders anschaut. Rosentreter und die ideale Geliebte denken über die Implikationen der Krankheit nach. Ohne dies zur Kenntnis zu nehmen, verlässt Kramer die Wohnung mit der Andeutung, dass er Mia zitieren werde. Es wird klar, dass er ihre Aussagen für seine Zwecke missbrauchen wird.

Moritz' Leukämie und Heilung

Ambivalenz (27. Kapitel)

Mia weiß nicht so recht, was sie von Kramer halten soll. Einerseits wirkt er attraktiv auf sie, da er in allem, was er tut, vollkommen überzeugt und auf ein Ziel hin orientiert wirkt und ebenso wie sie selbst eine nihilistische Einstellung zeigt, auch wenn ihre mit einem starken Gefühl von

Mias widerstreitende Gefühle Kramer gegenüber

Unsicherheit und Ziellosigkeit einhergeht. Andererseits betrachtet sie ihn aber auch mit großer Abneigung. Sein Verhalten könnte auch daraufhin deuten, dass er ein skrupelloser Karrierist ist. Mia betrachtet die Bücher, die sie von Moritz erhalten, aber nicht gelesen hat.

Moritz' Buchgeschenke

- spiegeln sein Interesse an philosophischen Fragen wider
- zur Überzeugung Mias von seinem Standpunkt – aber: ungelesen!
- Werke bedeutender Philosophen: Rousseau[1], (Jürgen) Kramer[2], Agamben[3]
- Romane von Dostojewski[4], Orwell[5], Musil[6]
- Gemeinsamkeit der Bücher: Humanität als Anliegen
- auf der Metaebene selbstreferenzieller Aspekt: Nennung von Orwell als Anspielung auf die bekannteste Dystopie („1984")[7] überhaupt

Die ideale Geliebte wirft Mia unterdessen vor, dass es völlig absurd, ja unmenschlich sei, wenn Mia sich vom „Mörder

[1] Jean-Jacques Rousseau (1712–1778): Philosoph, der von der Annahme ausgeht, dass der Mensch von Natur aus gut ist, aber von der Gesellschaft verdorben wird

[2] Jürgen Kramer (1948–2011): Philosoph, der die Bedeutung der Humanität, die sich in der Kunst ausdrückt, betont

[3] Giorgio Agamben (*1942): Philosoph, der politische Bestrebungen kritisiert, den Menschen nicht nur in seiner sozialen Rolle zu kontrollieren, sondern auch über den Körper des Menschen zu verfügen

[4] Fjodor Dostojewski (1821–1881): Schriftsteller, der v. a. für seine Romane berühmt ist. Sie zeichnen sich insbesondere durch die Darstellung komplexer psychologischer Zustände und Vorgänge aus und thematisieren häufig grundsätzliche Fragen der menschlichen Existenz angesichts einer gottlosen Welt.

[5] George Orwell (1903–1950): Journalist und Schriftsteller, der v. a. für seine Dystopie „1984" und seine politische Satire „Animal Farm" bekannt ist

[6] Robert Musil (1880–1942): Schriftsteller, dessen unvollendeter Roman „Der Mann ohne Eigenschaften" sich u. a. mit den Versuchen der Hauptfigur, eine eigene Identität zu entwickeln, ohne sich dabei festlegen zu müssen, beschäftigt

[7] S. Kapitel Hintergründe: Literarische Einflüsse – Gattung des dystopischen Romans, S. 71 ff.

[ihres] Bruders" (S. 128) angezogen und diesem ähnlich fühle. Mia selbst hat vor, ihren Trainingsrückstand aufzuholen, trauert aber weiterhin um ihren Bruder.

Ohne zu weinen (28. Kapitel)

Mitten in der Nacht klingelt Moritz Sturm an Mias Tür. Mia fragt ihn nach dem Date mit Sibylle und Moritz teilt ihr mit, dass er sie am verabredeten Treffpunkt tot vorgefunden habe. Mia versucht, ruhig zu bleiben, und er erzählt ihr, dass sie halbnackt und leblos unter einer Brücke gelegen sei und er die Polizei benachrichtigt habe. Während des Wartens auf die Polizisten habe er eine besondere Nähe zu der Toten gespürt. Mia zeigt sich verständnisvoll. Auf die Nachfragen seiner Schwester hin unterstellt Moritz ihr, sie glaube ihm nicht, dass Sibylle bereits tot gewesen ist, als er unter der Brücke eingetroffen ist. Möglicherweise ahnt er aber allmählich – selbst wenn er dies noch nicht wahrhaben will –, dass die Untersuchung durch die Polizei schwerwiegende Folgen für ihn haben könnte, auch wenn er bislang lediglich um eine Zeugenaussage gebeten worden ist. Mia will ihm helfen, doch er verlässt ihre Wohnung zornig und verzweifelt.

Rückblende: Moritz' totes Date

Unser Haus (29. Kapitel)

Mias Nachbarinnen klingeln. Driss distanziert sich sofort von der Pollschen und von Lizzie, noch ehe diese ihr Anliegen vortragen. Mia erfährt erst einmal von ihrer Bewunderin Driss, die annimmt, dass Kramer Mias Freund ist, von ihrer Abbildung in der Zeitung „Der Gesunde Menschenverstand". Der eigentliche Grund des Besuches ist aber, dass die beiden anderen Nachbarinnen aufgebracht sind, dass dem Wächterhaus der Entzug der entsprechenden Plakette droht, da Mia wegen eines Gesundheitsdelikts vorbestraft ist. Lizzie legt ihr daher einen Umzug nahe, woraufhin Mia die Nachbarinnen vertreibt und die Zeitung liegen bleibt.

Driss' unumstößliche Bewunderung Mias

Anfeindungen Lizzies und der Pollschen

Bedrohung verlangt Wachsamkeit (30. Kapitel)

Kramer hat in „Der Gesunde Menschenverstand" einen Kommentar mit dem Titel „Bedrohung verlangt Wachsamkeit" veröffentlicht. Darin sagt er, es bestehe eine permanente terroristische Bedrohungslage. Die gesamte Gesellschaft werde durch radikale Gegner gefährdet, die exzellent getarnt seien, dadurch völlig harmlos wirkten, aber alle Lebensbereiche unterwandert hätten, was den Methodenschutz trotz sorgfältigster Recherchen über die R.A.K. vor große Herausforderungen stelle. Offenbar werde aktuell mit einem biologischen Angriff gedroht. Es werde ein Zusammenhang vermutet mit dem Tod Moritz Holls, der ohne jeden Zweifel der Mörder einer jungen Frau sei. Holls Behauptung „Ihr opfert mich auf dem Altar eurer Verblendung" (S. 139 f.) sei mittlerweile eine Parole der Methodenfeinde. Holl sei außerdem in seiner Kindheit schwer krank gewesen und habe sich völlig unverstanden gefühlt, weshalb es naheliege, dass es sich bei ihm um einen „Gefährder" handle; sein Suizid werde die R.A.K. zu weiteren Aktionen veranlassen.

Der Kommentar beschwört noch einmal die Gefahr, in der sich alle befänden, und endet mit einem Aufruf zur Wachsamkeit, also zur Denunziation von verdächtig erscheinenden Bürgern und Bürgerinnen.

Die Zaunreiterin (31. Kapitel)

Die ideale Geliebte hat Mia Kramers Zeitungsartikel vorgelesen. Mia trainiert unterdessen und reagiert genauso wütend auf den Kommentar wie die ideale Geliebte. Während Mia den Artikel als Hetze gegen die Methodenfeinde versteht, macht ihr die ideale Geliebte klar, dass vielmehr Mia direkt damit angeklagt werde und durch die namentliche Nennung nun nicht mehr anonym sei.

Die ideale Geliebte fragt Mia danach, was sie zu unternehmen gedenke, versucht, ihr den Ernst der Lage bewusst zu machen, und wirft ihr vor, feige zu sein. Mia macht sich darüber lustig, weil sie keinen Sinn in revolutionärem Aktionismus sieht, und ist wütend, weil sich die ideale Geliebte nur abstrakt äußert. Diese setzt ihr daraufhin auseinander, dass Moritz ein Opfer der „Methode" sei, woran Kramer mitschuld sei, dass die „Methode" also ein „Unrechtssystem" (S. 143) sei, dass sie mit Rosentreters Hilfe Kramer „wegen böswilliger Verleumdung" (S. 143) verklagen und einem unabhängigen Journalisten ein Interview zur Richtigstellung geben solle. Mia hält den Vorschlag jedoch für nutzlos und lächerlich.

Vorwurf der idealen Geliebten: Mia beziehe nicht Stellung

Die ideale Geliebte hält ihr entgegen, dass sie sich aus Angst nicht klar dazu bekenne, dass Moritz Opfer eines ungerechten Systems geworden sei, was Mia mit beschämtem Schweigen beantwortet. Daraufhin erklärt ihr die ideale Geliebte, dass Mia eine Hexe im ursprünglichen Sinn des Wortes sei: ein „Heckengeist", eine „Zaunreiterin", die sich in einem Zwischenreich befinde und nicht wisse, wo sie hingehöre.

Mia als Wesen zwischen den Welten

Eine solche Außenseiterin lebe gefährlich, weil sich an ihr leicht ein Exempel statuieren lasse, um in einem System Ruhe wiederherzustellen. Mia protestiert schwach gegen den Vorwurf des Außenseitertums, sieht aber ein, dass die ideale Geliebte recht hat.

Vorausdeutung auf Hexenprozess

Für die „Methode" ist das Gesunde das Normale. Das Normale wird dabei aber nicht nur als das „Gewöhnliche", „Übliche" verstanden, sondern auch als das „Erwünschte", als „erstrebenswerter Standard". Durch die letztgenannte Auffassung kann es schnell dazu kommen, dass Individuen als unnormal und damit als krank gelten. Mia ist immer bestrebt gewesen, nicht aufzufallen, und hat ein zurückgezogenes Leben geführt, das ihrem introvertierten Wesen entspricht. Da sie sich nicht aktiv in die Gesellschaft einbringt,

„Methode": Gesundheit = Normalität = Norm

sondern nur nach außen hin systemtreu wirkt, ist sie tatsächlich eigentlich eine Außenseiterin, wenn auch auf weniger offensichtliche Art als Moritz.

Mias Fatalismus Mia versteht die Denkanstöße der idealen Geliebten als Warnung, glaubt aber nicht, dass sie tatsächlich Einfluss nehmen könne. Die ideale Geliebte will sie aber dazu ermuntern, ihr Schicksal in die Hand zu nehmen, Stellung zu beziehen und sich dafür zu entscheiden, ob sie Täter oder Opfer sein wolle. Mia steht beidem skeptisch gegenüber.

Mia als Hexe

- *Hexe* = ursprünglich „Heckengeist", „Zaunreiterin"
- in einem Zwischenreich angesiedelte Gestalt
- → keine klare Zugehörigkeit, Außenseiterin
- → Gefährdung
- → Notwendigkeit, sich für eine Seite zu entscheiden

Fell und Hörner, zweiter Teil (32. Kapitel)

Rückblende Das Kapitel knüpft – wie auch schon das 28. und 29. Kapitel, aber auf noch auffälligere Weise – in seinem Erzählfluss an das vorhergehende Kapitel an, obwohl ein Zeitsprung vorliegt. Hier wird die Frage der idealen Geliebten vom vorigen Kapitelende nach der Entscheidung, ob Mia Täter oder Opfer sein wolle, welche diese beide als „unerfreulich[e]" (S. 146) Alternativen ansieht, von Moritz Holl am Kapitelanfang beantwortet: Er wolle weder Täter noch Opfer sein – auch in diesem Punkt sind sich also die Geschwister einig.

Große Nähe der Geschwister Moritz ist am Tag nach dem Fund der toten Sibylle wieder mit seiner Schwester im Sperrgebiet, die dieses Mal sogar wie er ihre bloßen Füße ins ihr unhygienisch erscheinende Wasser taucht. Tief berührt davon, dass Mia sich als sein Zuhause bezeichnet hat, umarmt er sie. Dennoch versucht er weiterhin, die Fassung zu bewahren, und gibt sich so gelassen, wie seine Schwester es von ihm gewohnt ist.

Er bemüht sich darum, den Tod aus philosophischer Distanz zu betrachten, und thematisiert die Schwierigkeit, sich im Leben treu zu bleiben, ohne sich selbst zu gefährden. Deshalb könne er auch nie Mitglied einer Gruppe wie der R.A.K. werden; für ihn sei Freiheit entscheidend.

Moritz' Betrachtungen über Tod und Leben

Mia hält ihn dieses Mal nicht vom Rauchen ab, wirft ihm aber vor, nur auf sich persönlich bezogen zu sein und der Realität auszuweichen, die einen klaren Standpunkt von ihm erwartet. Ihr Bruder verneint dies nicht; nicht klar Stellung zu beziehen gehöre für ihn zu einem freien Leben.

Mias Vorwurf: Moritz beziehe nicht Stellung

Ihr Gespräch wird abgebrochen, als unvermittelt Polizisten kommen, um Moritz wegen Vergewaltigung und Mord zu verhaften.

Moritz' Verhaftung

Moritz Holls Lebenseinstellung und Weltanschauung IV

- Akzeptanz des Todes
- Treue zu den eigenen Idealen auch unter Schwierigkeiten
- Ablehnung aller Zwänge und Regeln
- Freiheit als höchster Wert

Das Recht zu schweigen (33. Kapitel)

Mia ist allein im Sperrgebiet und lässt im Gedenken an Moritz auf einem ihrer weiterhin wöchentlichen Spaziergänge ihre Füße in den Fluss hängen und spricht mit diesem wie mit einer Geliebten Moritz', auf die sie eifersüchtig ist. Für sie ist der gewöhnliche Spazierweg zum Kreuzweg geworden.

Mias Spaziergänge ins Sperrgebiet im Gedenken an Moritz

Wie Moritz kann auch sie ihre brennende Zigarette nicht mehr rechtzeitig ins Wasser werfen, als sie ebenfalls von der Polizei festgenommen wird, und zwar wegen des Verdachts auf „methodenfeindliche[...] Umtriebe und Führung einer methodenfeindlichen Vereinigung" (S. 151). Ihr wird unterstellt, sie träfe sich im Sperrgebiet mit Methodengegnern.

Mias Verhaftung

Der Härtefall (34. Kapitel)

Mias Prozess erfolgt im Hauptverhandlungsraum und mit zahlreichen Beteiligten, u. a. vom Methodenschutz. Auch Kramer und weitere Medienvertreter sind anwesend. Mia hat ambivalente Gefühle, obwohl ihre Situation eindeutig unerfreulich ist: Sie trägt Papierkleidung, wird regelmäßig mit Desinfektionsmittel besprüht und fühlt sich von Rosentreter im Stich gelassen. Richterin Sophie wirkt sehr distanziert, als sie Bell darum bittet, die Anklage zu verlesen. Mia wird vorgeworfen, „öffentlich und privat methodenfeindliche Reden" (S. 155) zu führen; sie halte ihren Bruder für ein Opfer der „Methode" und wolle sich der Staatsmacht entziehen. Außerdem sei sie an einem Versammlungsort von Methodenfeinden vorgefunden worden, wo sie geraucht habe.

Mias Angabe, sie sei mit niemandem verabredet, wird vom Staatsanwalt so ausgelegt, dass sie ein Treffen mit einem R.A.K.-Mitglied mit dem Tarnnamen „Niemand" geplant habe. Bell stellt einen Antrag auf Zulassung Kramers zur Verhandlung und auf „Gesinnungsprüfung" Mia Holls. Daraufhin beantragt Rosentreter die Aussetzung des Verfahrens bis zur Klärung einer Vorfrage. Er besteht weiterhin auf dem Härtefallantrag und erklärt zur Überraschung der Anwesenden das Gericht für befangen. Nach kurzer Beratung Sophies mit dem stellvertretenden Vorsitzenden, Richter Hutschneider, und Richter Weber von der Landeskammer für Methodenschutz werden Rosentreters Anträge abgewiesen.

Als Nächstes wird die Gesinnungsprüfung durchgeführt: Mia wird danach gefragt, was sie vom politischen System halte. Ihre abstrakte Antwort wird von Bell nicht verstanden. Mia erklärt, durch den Siegeszug der Naturwissenschaften, die sich gegen das Transzendente gewandt haben, sei die Entwicklung hin zu einem streng am Körper orientierten Weltbild, in dem die Seele keinen Platz mehr habe, zwangsläufig gewesen. An Kramer gewandt behauptet Mia, Revolutionen seien nichts weiter als ein im Grund natürlicher, wiederkehrender Prozess des Sich-Erhebens der Masse gegen die Minderheit der Regierenden, obwohl eine grundsätzliche Gleichheit zwischen der Mehr- und der Minderheit vorliege.

Sophie legt diese Ausführungen zu Mias Gunsten aus, während Hutschneider sie zu ihren Ungunsten interpretiert. Mia distanziert sich von revolutionärem Gedankengut und bezeichnet sich als Methodenanhängerin, was Hutschneider nicht überzeugt. Mia betont, wie wichtig ihr die Vernunft sei und das damit verbundene Verfahren, die Dinge differenziert zu betrachten, doch Bell legt ihr das als „Plädoyer für die Gewissenlosigkeit" (S. 160) aus.

Entsprechend der Ausführungen der idealen Geliebten bezeichnet sich Mia nun als ein „Wesen des Dazwischen" und als „absolut ungefährlich" (S. 160). Auch das glaubt ihr Hutschneider nicht. Sophie beruft sich auf ein früheres Gespräch mit Mia und fragt sie danach, wie ihrer Meinung nach persönliches und Allgemeinwohl zusammenhängen. Mia äußert sich methodenkonform, dass sich beides decken solle, fügt dann aber an, dass zum Erreichen dieses Zieles wohl menschenunmögliche Unfehlbarkeit nötig wäre, was Bell sofort als methodenfeindliche Äußerung einstuft.

Rosentreter unterbricht mit einem Antrag auf die „Einführung von verfahrensrelevantem Material aus der Sache Moritz Holl" (S. 161), dem Sophie stattgibt, was sie später ihre berufliche Karriere kosten wird. Sie tut dies, weil sie juristisch korrekt handeln will, auch wenn sie weiß, dass Hutschneider und Weber ihre Entscheidung wegen der daraus resultierenden Prozessverlängerung nicht gutheißen werden, und weil sie aus Mitleid Rosentreters Mühe würdigen will. Rosentreter erläutert den immer ungehaltener werdenden Zuhörern und Zuhörerinnen, dass Moritz Holl mit-

Rosentreters nachträgliche Entlastung Moritz Holls vom Vergewaltigungs- und Mordvorwurf durch naturwissenschaftlich fundierten Nachweis

hilfe einer Stammzellentransplantation von seiner Leukämie geheilt worden sei. Kramer wird nun zu seinem Schrecken klar, worauf Rosentreter abzielt, und will diesen zum Schweigen bringen, was ihm aber nicht gelingt. Rosentreter führt weiter aus, dass Moritz durch die Transplantation die DNA seines Knochenmarkspenders erhalten habe; dieser Spender sei der Mörder von Sibylle. Er beweist also Moritz' Unschuld und damit den Irrtum der vernunftbasierten „Methode" ironischerweise in äußerst systemkonformer Weise auf der Grundlage gesammelter medizinischer Daten.

Aufruhr und Erschütterung

Mia reagiert auf Rosentreters Enthüllung euphorisch und sieht sich im Glauben an die Unschuld ihres Bruders bestätigt. Es kommt zu Unruhe und tumultartigen Zuständen im Gerichtssaal, die Medien bestürmen Mia. Kramer und Sophie wirken jeder auf seine Weise erschüttert von Rosentreters Enthüllungen.

„Gesinnungsprüfung" Mias

- „Methode" als Resultat des Siegeszugs der Naturwissenschaften: am Körper orientiert, ignoriert bzw. negiert Seele
- grundsätzliche Gleichheit zwischen der regierten Mehr- und der regierenden Minderheit → zwangsläufige Wiederkehr von Revolutionen
- dennoch Distanzierung von revolutionärem Gedankengut
- Unterstützung der „Methode"
- Betonung der Bedeutung von vernunftgeleiteter, differenzierter Betrachtungsweise
- Ideal der Deckung von persönlichem und allgemeinem Wohl
- Einschränkung: Unmöglichkeit des Erreichens dieses Ideals
- Selbstbezeichnung als „Wesen des Dazwischen" (S. 160)
- → explizites Bekenntnis zu ambivalenter Haltung gegenüber der „Methode"
- → Wertung als Methodenfeindschaft

Medieninteresse an Mia wegen des Justizskandals

Das ist die Mia (35. Kapitel)

Die Nachbarinnen verfolgen die Berichterstattung der Medien über den Justizskandal im Fall Moritz Holl. Driss sieht sich im Glauben an Mia bestätigt. In dem Fernsehinterview, das gerade läuft, weicht Mia der Antwort auf die Frage des Reporters nach der Legitimität der „Methode" aus, betont aber, dass sie diese Frage „immer wieder" (S. 170) stellen werde. Unterdessen kommt Mia mit Rosentreter nach Hause. Driss will sich bei ihr entschuldigen, doch Mia provoziert die Nachbarinnen.

Der größtmögliche Triumph (36. Kapitel)

Rosentreter feiert mit Champagner, der wegen seines Alkoholgehalts als ungesund gilt und daher verboten ist, den vorläufigen Erfolg vor Gericht und das daraus resultierende Echo in Politik, Medien und Gesellschaft. Die größte Genugtuung bereitet ihm, dass Kramer sich noch nicht geäußert hat, dennoch will er weiter mit Bedacht vorgehen. Die immer noch erstaunte Mia lässt sich von Rosentreters Feierlaune nicht anstecken und bemerkt, dass sich draußen ein Sturm erhoben hat; während Rosentreter ihr rät, in der nächsten Zeit daheim zu bleiben, um den Kontakt mit der Öffentlichkeit und den Medien zu meiden, was die ideale Geliebte gutheißt.

Triumph Rosentreters

Mit einem Mal verkündet Mia, sie glaube nicht mehr an den Sieg der Vernunft und habe nun verstanden, dass sie sich „aus Liebe und frei von Furcht" „mit ganzem Wesen" zu Moritz „bekennen" (S. 174) müsse. Sie überschlägt sich jetzt vor Eifer und will mithilfe Kramers eine Streitschrift veröffentlichen, in dem sie darlegt, dass ihr Bruder Opfer der „Methode" sei und diese daher ein Unrechtssystem.

Mias unbedingter Wille zum Bekenntnis zu Moritz

Die ideale Geliebte will Mia bremsen, aber diese geht völlig in ihrer Ekstase auf: „Ich bin krank. Ich bin frei.'" (S. 175) Auch Rosentreter, der nicht versteht, dass Mia mit der idealen Geliebten spricht, ist erschrocken von seiner wahnsinnig wirkenden Mandantin. Diese lehnt jede weitere Unterstützung ab, da sie annimmt, sie käme auch ohne ihren Anwalt und ohne die ideale Geliebte zurecht. Deren Ein-

Ignorieren aller Warnungen

wand „„Das [...] hätte Moritz nicht gewollt!'" (S. 175) bringt Mia zwar kurz zum Innehalten, doch vertreibt Mia Rosentreter, indem sie ihm ihren Champagner über das Hemd gießt, und kündigt ihm an, dass sie sich an Kramer wenden werde.

Kontakt zu Kramer Der Anwalt kann nicht verstehen, wie ihm geschieht, und geht, während die ideale Geliebte Mia verkündet, dass sie verloren sei, sie wolle es offenbar nicht anders. Mia wischt ihre Bedenken vom Tisch und ruft Heinrich Kramer an.

Die zweite Kategorie (37. Kapitel)

Kramers dualistisches Weltbild Kramer, der seine Fassung inzwischen wiedergewonnen hat, ist bei Mia zu Gast. Auf Mias Nachfrage beschreibt sich Kramer als glücklichen Familienvater, der mit seinem traditionellen Leben zufrieden sei, und legt Mia in diesem Zusammenhang sein dualistisches Weltbild dar, in dem sich „gute, also dem Menschen förderliche [Ereignisse], und schlechte, die ihn behindern" (S. 178), einander gegenüberstehen; es gehe darum, schlechte Ereignisse, also solche „aus der zweiten Kategorie" (S. 178), zu vermeiden. Mia kann diese Argumentation nachvollziehen, aber reagiert ungehalten, als er ihr vorwirft, keine Familie gegründet zu haben, und will ihm ein schlechtes Gewissen wegen Moritz machen. Kramer hält ihr entgegen, dass er kein Gewissen habe, worauf Mia ihm entgegenhält, dass sein geschicktes politisches Agieren Sensibilität voraussetze. Kramer genießt den Schlagabtausch mit ihr und erzählt Mia, dass vor ihrer Freilassung Methodengegner vor dem Gericht demonstriert hätten. Außerdem habe Würmer, als dessen Mentor sich Kramer versteht, in seiner Talkshow „Was Alle Denken" behauptet, das System müsse sich an die aktuellen Entwicklungen anpassen, was mit Kramers Standpunkt nicht vereinbar ist.

Zurückweisen jeder Kritik am System Er behauptet, er sei davon „überzeugt, dass ein System nur dann gerecht sein kann, wenn es an den Körper anknüpft

– denn durch unsere Körper, nicht im Geiste sind wir einander gleich", und „dass das Menschenbild der METHODE allen anderen historisch überlegen ist" (S. 180).

Er doziert über die zutiefst schädliche Neigung der Menschen in der Vergangenheit, ihre Gebrechen und Krankheiten zu verklären und zur Selbstbestätigung zu missbrauchen. Auf die Spitze getrieben habe dies das Christentum mit der Anbetung der personifizierten Schwäche.

Ablehnung der Verherrlichung von Schwäche

Der Tatsache, dass die Existenz des Menschen von Niedergang und Verfall bestimmt ist, müsse man entgegenarbeiten: „Was sollte vernünftigerweise dagegen sprechen, Gesundheit als Synonym für Normalität zu betrachten? Das Störungsfreie, Fehlerlose: Nichts anderes taugt zum Ideal."' (S. 181)

Gesundheit als Norm

Mia glaubt ihm sein Bekenntnis zur „Methode" nicht; ihm müsse klar sein, dass die „Methode" den gleichen Absolutheitsanspruch stelle wie alle überwundenen Ideologien und damit den immer gleichen grundlegenden Fehler aufweise. Kramer gibt sich vertraulich und äußert seine Abscheu gegen freigeistige, revolutionäre Bewegungen, die er für überholt, kindisch und egoistisch hält. Mia merkt, dass sich Kramer durch die Gegner des Systems persönlich angegriffen fühlt, was er aber nicht zugibt. Er fährt stattdessen mit seinen Ausführungen fort, dass Revolutionen schon Unmengen von Menschenleben gefordert hätten, und sieht keinen Anlass, die „Methode" abzuschaffen, da sie gut funktioniere.

Zweifel Mias an Kramers Haltung

Mias Einwand, diese Behauptung lasse sich nach Moritz' Tod nicht mehr halten, weist Kramer zurück: Ein derartiger Einzelfall sei kein Beleg dafür, dass das große Ganze falsch sei: „,Kein anderes System hat eine so geringe Fehlerquote wie die METHODE.'" (S. 183) Mia beruft sich darauf, jetzt „mit dem Herzen denken" (S. 183) zu können, worüber Kramer sich lustig macht, und distanziert sich explizit von ihm. Es zeigt sich, dass das Gefühl der Verbundenheit, das Mia

Distanzierung Mias von Kramer

früher für Kramer empfunden hat, offenbar auf Gegenseitigkeit beruht hat. Dass Mia die Freiheit nun als höchsten Wert ansieht, missfällt Kramer.

Mias Entlarvung von Kramers wahrer Intention: Eigennutz

Sie sagt ihm, dass er ihre „Gesinnungsprüfung" bestanden habe, da er im Grund doch nicht dogmatisch sei, sondern auf seine persönlichen Interessen bedacht, also aus Eigennutz handle – damit erklärt sie ihn zu einem „absolut verlässlichen Feind" (S. 184).

Forderung nach Veröffentlichung

Mia verlangt von ihm, die Erklärung, die sie ihm diktieren werde, wörtlich niederzuschreiben und zu veröffentlichen, und er willigt, anfangs widerstrebend, ein.

Wie die Frage lautet (38. Kapitel)

Mias Misstrauenserklärung an die „Methode"

In ihrer Erklärung entzieht Mia „einer Gesellschaft das Vertrauen, die aus Menschen besteht und trotzdem auf der Angst vor dem Menschlichen gründet" (S. 186). Sie klagt die Gleichsetzung von Gesundheit und Normalität an, die Absolutsetzung eines normierten Körperbildes und der totalen Sicherheit, die Missachtung von Fragen nach Sinn und Moral, die totale Kontrolle der Bevölkerung, die verblendete Wissenschaftsgläubigkeit, die Verweigerung eines selbstbestimmten, freien Lebens, den fehlenden Respekt vor dem persönlichen Wohl, die Verengung der Liebe auf immunologische Kompatibilität, die staatliche Bevormundung und das Ignorieren der Tatsache, dass der Tod zum Leben gehört. Erst durch den Tod ihres Bruders sei ihr der Wert des Lebens klar geworden.

Vertrauensfrage (39. Kapitel)

Kramers Vorhaben: Bestätigung des Systems mithilfe von Mias Pamphlet

Kramer hat Mias Ausführungen notiert und ist begeistert. Mia hingegen ist irritiert, dass er sich bei ihr „für ihre Unterstützung bei der gemeinsamen Sache" (S. 188) bedankt. Doch er sieht ihre „Vertrauensfrage" als Hilfe, das System zu festigen, analog zum früher üblichen politischen Prozedere im Parlament, das zu Rücktritt bzw. Neuwahl oder eben zur Bestätigung der amtierenden Regierung geführt habe.

Das verunsichert Mia, die sich auch darüber wundert, dass Kramer von ihrer Wohnung „in der Vergangenheitsform" (S. 189) gesprochen hat – ein weiterer Hinweis darauf, dass sich Mia mit ihrem Pamphlet geschadet hat. Nachdem Kramer gegangen ist, verabschiedet sich die ideale Geliebte von Mia, die ihr gegenüber zugibt, dass sie Schwierigkeiten gehabt habe, sie für real zu halten. Da Mia nun Moritz' letzten Wunsch erfüllt habe, indem sie ihm glaube, könne die ideale Geliebte gehen, obwohl es ihr schwerfällt, weil sie Angst habe, Mia werde als Märtyrerin enden. Mia küsst ihre unsichtbare Gefährtin zum Abschied und richtet ihr Grüße an Moritz aus.

Vorausdeutungen auf Katastrophe

Sofakissen (40. Kapitel)

Mias Wohnung wird vom Methodenschutz gestürmt. Mia klammert sich an ein Sofakissen und setzt sich zur Wehr. Die Nachbarinnen werden durch den Lärm angelockt. Driss versucht, die Methodenschützer davon zu überzeugen, dass sie sich geirrt haben müssen, doch diese geben Mia eine Betäubungsspritze, nachdem sie ihr durch Schläge nicht Herr geworden sind. Die anderen Nachbarinnen raten Driss, sich herauszuhalten, aber sie greift vergeblich einen der Uniformierten an. Die Methodenschützer nehmen Mia mit.

Methodenschutz bei Mia

Freiheitsstatue (41. Kapitel)

Mia ist in Isolationshaft und erhält Besuch von Rosentreter. Dieser berichtet ihr, dass ihre Erklärung auf ein sehr großes Echo gestoßen sei und der Staat daher Angst vor ihr habe. Als Grund für ihre Verhaftung wird Suizidgefahr angegeben, eine Anklage gebe es nicht. Ihr Anwalt teilt ihr außerdem mit, dass er eine Anklage beim „Höchsten Methodengericht" (S. 196) eingereicht habe, aber vorhabe, mit Bedacht vorzugehen.

Isolationshaft

Haftgrund: Suizidgefahr

Unterstützung für Mia aus unterschiedlichen Kreisen

Überdies gebe es Demonstrationen für ihre Freilassung und Sprechchöre und Plakate vor dem Gefängnis. Würmer fordere in einem Artikel „eine Grundsatzdiskussion im Methodenrat" (S. 196). Auch die R.A.K. habe ihre Solidarität mit Mia bekundet und gefordert, dass die „Methode" sich für Moritz' Tod verantwortlich erkläre. Von der R.A.K. mit ihren Terroranschlägen will sich Mia jedoch distanzieren. Rosentreter erläutert ihr, dass das nicht möglich sei, da sich alle eine Mia Holl nach ihren eigenen Vorstellungen konstruierten. Kramer werde demnächst im Fernsehen Stellung nehmen, sei aber „angeschlagen" (S. 197).

Unterschiedliche Einschätzung Kramers

Während Mia annimmt, dass Kramer geschwächt ist, vermutet Rosentreter, dass nun noch mehr Gefahr von ihm ausgehe, und ersucht Mia, sich nicht auf ein Gespräch mit ihm einzulassen, was diese ablehnt. Rosentreter gibt zu, sich überfordert zu fühlen.

Mia als Symbolfigur für alle Außenseiter

Mia sieht sich dagegen als „Integrationsfigur" (S. 198) für alle Außenseiter, als eine Art Freiheitsstatue. Ihr Anwalt verspricht ihr, sie aus dem Gefängnis zu holen, aber Mia hat keine Angst, in der Haft bleiben zu müssen.

Der gesunde Menschenverstand (42. Kapitel)

Verschwinden Würmers

Im Fernsehen läuft „Was Alle Denken", doch dieses Mal ohne Moderator Würmer. Anwesend ist nur Studiogast Heinrich Kramer, der vollkommen abgeklärt und sehr ernst wirkt. Er leistet Agitationsarbeit für das politische System und referiert vor einem äußerst zahlreichen Fernsehpublikum ausführlich über das Wesen der „Methode", um es wieder auf das System einzuschwören. Dabei trägt er die den Zuschauern und Zuschauerinnen bereits hinlänglich bekannten Thesen vor über die Bedeutung der Ziele Sauberkeit und Sicherheit und über Krankheit als „das Ergebnis von fehlender Überzeugung und fehlender Kontrolle" (S. 200).

Schließlich betont er die außerordentliche Gefahr, die von „infektiösen Gedanken" (S. 200) ausgehe, die aber von der „Methode" als dem „Immunsystem des Landes" (S. 201) vernichtet würden. Dies ist als Kampfansage gegen Mia Holl zu verstehen.

Drohung der Vernichtung von Methodengegnern

Geruchlos und klar (43. Kapitel)

Mia befindet sich in ihrer papierenen Häftlingskleidung in ihrer vollkommen leeren Gefängniszelle, wo sie Besuch von Kramer empfängt. Während Mia von Anfang an auf Konfrontationskurs geht, tut Kramer so, als bemerke er dies nicht und als hätten sie ein gemeinsames Ziel.

Mias leere Zelle

Entsprechend seiner dualistischen Weltsicht betrachtet er Mia und sich als Gegner, die für den Kampf von Vernunft gegen Gefühl stehen. Mia lehnt diese Sichtweise als zu banal und oberflächlich ab, distanziert sich noch einmal von den Gewaltakten der R.A.K. und erläutert Kramer, dass die Öffentlichkeit sie als unschuldiges Opfer der Mächtigen betrachten werde.

Selbstbild Mias: unschuldiges Opfer der Mächtigen

Sie erwartet von ihm, dass er eine Sitzgelegenheit und Essen und Trinken für sie organisiere, da ihr all das vorenthalten werde, was er ohne Umschweife tut. Als Kramer Mia befragt, stellt sich zu Mias Überraschung sofort heraus, dass ihre Gespräche mit Rosentreter abgehört werden.

Kramers scheinbare Sorge um Mias körperliches Wohlergehen

Außerdem wird klar, dass Mia eigentlich nicht wegen Suizidgefahr, sondern wegen Methodenfeindschaft inhaftiert ist. Kramer fragt sie überdies nach Moritz' Erbe. Mia gibt zu, dass es Moritz nach seinem Tod gelungen sei, sie von seiner Meinung zu überzeugen. Auf Kramers Frage, wen Mia außer Moritz in der Kathedrale getroffen habe, antwortet sie: „,Niemanden.'" (S. 207) Über diese Antwort ist Kramer sehr erfreut. Er fragt sie als Nächstes, ob Moritz ein Märtyrer sei, und bittet sie, laut zu antworten. Mia bejaht die Frage.

Inhaftierung Mias wegen Methodenfeindschaft

Der Leser/die Leserin gewinnt zunehmend den Eindruck, dass Kramer das Gespräch auf ein bestimmtes, von ihm in-

Kramers heimlich aufgezeichnete Befragung

tendiertes Ende hin steuert und dass es aufgenommen wird. Diese Vermutung wird bestätigt, denn Kramer schaltet nun ein vorher verborgenes Gerät aus, mit dem er offensichtlich das ganze Gespräch aufgezeichnet hat.

Von Kramer entworfenes falsches Geständnis

Dann bittet er sie darum, ihr Geständnis zu unterschreiben. Mia wird wütend und beharrt darauf, dass nach ihren Regeln vorzugehen sei. Kramer fasst nun zusammen, was er über Mia in der Öffentlichkeit verbreiten werde: Moritz hätte eine Widerstandsgruppe namens „Die Schnecken" angeführt, deren Treffpunkt die Kathedrale gewesen wäre. Dieser Gruppe hätte auch Moritz' Knochenmarkspender angehört. Mia ist anfangs belustigt, doch dies ändert sich, als Kramer fortfährt: Mia Holl hätte mit ihrem Bruder veranlasst, dass der Spender den Mord an Sibylle verübt, damit ihr Bruder unter Mordverdacht geraten würde. In der Folge dieses perfiden Plans habe sich der Spender umgebracht. Moritz wäre darauf aus gewesen, den Märtyrertod zu sterben: „Überhaupt gehört es zur Ideologie der Schnecken, den Freitod als Garant der persönlichen Freiheit zu betrachten."' (S. 209) Mia habe dann Beihilfe zu Moritz' Suizid geleistet, wie die Kameraaufnahmen von der Übergabe der Angelschnur bewiesen. Damit sollte ein Justizskandal ausgelöst werden, um die „Methode" zu schwächen. Seit Moritz' Tod wäre Mia die Anführerin der „Schnecken"; sie träfe sich außerdem immer wieder mit einer Person, die „Niemand" hieße. Hinter dem Deckname verberge sich Wurmer. Mia ist außer sich vor Wut und protestiert gegen sein Ansinnen, aber Kramer ist sich seiner Überlegenheit bewusst.

Moritz' Date als Teil eines Komplotts durch den Methodenschutz

Er deutet an, dass Moritz' Date mit Sibylle und deren Mord durch den Knochenmarkspender vom Methodenschutz eingefädelt worden sind. Als Mia einsieht, dass es sich um ein Komplott handelt, vertraut sie auf die Macht der Demonstrierenden gegen die Grausamkeit des Staates.

Kramer packt unterdessen Mias leer gegessene Nahrungsmitteltuben sorgfältig ein und verweist auf den Wankelmut
der Menge. Mia lehnt es ab, das von Kramer entworfene Geständnis zu unterschreiben, und wirft ihm Gewissenlosigkeit vor. Er gibt ihr gegenüber zu, keine echte politische
Überzeugung zu besitzen, aber betont, dass er „Ehrgefühl"
(S. 212) habe. Laut Kramer gewähre die „Methode" sehr
vielen Menschen ein gutes Leben. Dies rechtfertige aber
Mia zufolge nicht den Tod Unschuldiger.

Wie die ideale Geliebte stellt auch Kramer fest, dass Mia
sich nun endlich für eine Seite entschieden habe, was gravierende Folgen für sie haben werde. Kramer kündigt an,
dass er ihre Unterschrift hartnäckig einfordern werde.

Randnotiz: Sichern der Nahrungsmitteltuben Mias

Randnotiz: Androhung von Konsequenzen wegen Mias Entscheidung

Würmer (44. Kapitel)

Richterin Sophie ist wegen Befangenheit vom Fall Mia Holl
ausgeschlossen und zwangsversetzt worden. Ihre Nachfolge im Schwurgericht tritt Richter Hutschneider an, für den
dies gleichzeitig eine Beförderung bedeutet. Er steht am
Ende seines Berufslebens, ist ein Familienmensch und betrachtet sein bisheriges Leben als rundum geordnet und
erfolgreich.

Randnotiz: Nachfolge von Sophie: Richter Hutschneider

Mit dem Fall Mia Holl beschäftigt er sich nur widerwillig,
u. a. wegen des Medienrummels, den der Fall ausgelöst
hat, und der ständigen Überwachung, der er nun ausgesetzt ist. Er sieht aber deren Notwendigkeit, da wohl nur so
seine Sicherheit gewährleistet werden kann. Es gibt nämlich das Gerücht, die Terroristin Mia Holl und ihre „Schnecken" hätten einen Giftanschlag vor. Hutschneider hat
Angst und fühlt sich überfordert und orientiert sich deshalb sicherheitshalber ganz am Methodenschutz. Gegen
seine Absicht hat er dennoch etwas Mitgefühl mit Mia, da
sie auf ihn nicht wie eine gefährliche Terroristin wirkt. Mia
gibt sich selbstbewusst ihm gegenüber.

Randnotiz: Hutschneider: geringe Motivation für Fall Mia Holl

Falschaussage Würmers gegen Mia als Kronzeuge „Niemand"

Würmer wird ihr als Kronzeuge „Niemand" gegenübergestellt; er bringt eine offensichtlich unter Druck auswendig gelernte Falschaussage gegen Mia vor und bezichtigt sie, von Moritz Holl die Führung der „Schnecken" übernommen und sich mit ihm als Kontaktmann in der Kathedrale getroffen zu haben.

Mias vergebliche Appelle an Würmer

Mia versucht immer wieder, an Würmer in seiner beruflichen Rolle zu appellieren, persönlichen Kontakt zu ihm herzustellen, und lobt seine journalistische Arbeit und seine Auseinandersetzung mit der „Methode", worauf Würmer jedoch überhaupt nicht eingeht, obwohl ihn Mias Bemerkungen sichtlich verunsichern.

Manipulation Hutschneiders durch den Methodenschutz

Hutschneider wertet jedoch jede ihrer Äußerung als Beleg dafür, dass „Niemand" ein Mitglied von Mias Widerstandsgruppe sein müsse. Er erkennt also überhaupt nicht, dass er vom Methodenschutz manipuliert wird.

Mia = „Corpus Delicti"

Mia bezieht sich ausdrücklich auf den Titel von Würmers Talkshow – „Was Alle Denken" –, bezeichnet sich selbst als „Corpus Delicti" (S. 218) und ruft Würmer die Wahrheit in Erinnerung.

Corpus Delicti

= Beweisstück, mit dem jemand einer Straftat überführt werden kann; lat. *corpus*: Körper

Alle ihre Versuche sind vergebens: Würmers Falschaussage ist dokumentiert. Als der Kronzeuge abgeführt worden ist, kommentiert sie den sprechenden Namen Würmers. Hutschneider nimmt hingegen an, Mia mache sich lustig über ihn, was noch einmal seine Unsicherheit unterstreicht.

Richter Hutschneider

- an Beförderung und Ruhestand interessiert
- wenig motiviert
- nur widerwillige Beschäftigung mit Fall Mia Holl
- Gründe: Medienrummel, eigene Überwachung, Angst
- Einstufung von Mia Holl schon vorab als Terroristin, dennoch Spuren von Mitgefühl mit ihr
- Gefühl der Überforderung
- → totale Orientierung an Vorgaben des Methodenschutzes

→ **Gegenbild zu Richterin Sophie**

Keine Liebe der Welt (45. Kapitel)

Rosentreter weiß, dass Mia, die sich seit Moritz' Tod nicht mehr leichtfertig blenden lässt, ihn durchschaut, und scheut sich davor, seine schlechten Nachrichten zu überbringen. Dennoch versucht er, sich optimistisch zu geben, obwohl er Mia scheinbar ohne Grund zunehmend hasst.

Eigentlich würde er den Fall gern abtreten, denn seit er den Justizskandal ausgelöst hat, hat dieser sich ungünstig entwickelt. Er gibt Mias eigensinniges, im Grund verrücktes Beharren auf der Stellungnahme Kramer gegenüber die Schuld daran und sieht sich damit selbst entlastet, kann ihr aber auch kaum mehr helfen. Mia fordert den verunsicherten Rosentreter zum Erzählen auf. Er teilt ihr mit, dass die Klage vor dem Höchsten Methodengericht abgewiesen und der Härtefallantrag endgültig abgelehnt worden sei.

Das Verfahren gegen sie werde fortgesetzt. Mia zeigt sich nicht sonderlich überrascht, will aber wissen, was in der Presse gesagt wird. Rosentreter hat nur besonders harmlose Zeitungsartikel dabei und liest daraus vor.

In Mias Wohnung habe man in Nahrungsmitteltuben Botulinumkulturen, also ein Lebensmittelgift, gefunden. Mia ist sofort klar, dass Kramer dies mithilfe der Tuben, die er bei seinem Gefängnisbesuch mitgenommen hat, inszeniert hat. Der Methodenschutz habe alle ihre Kommunikations-

Marginalien:

Rosentreters Hass auf Mia

Schuldzuweisung Rosentreters

Fortsetzung des Verfahrens gegen Mia Holl

Vorwurf eines Giftanschlags auf die Trinkwasserversorgung gegen Mia durch gefälschte Beweise

daten ausgewertet und werfe ihr von seinen Ergebnissen ausgehend vor, sie habe die Bevölkerung über die Trinkwasserversorgung vergiften wollen. Rosentreters Beschwerde gegen die Hausdurchsuchung habe nichts genutzt wegen des einwandfreien Vorgehens des Methodenschutzes: So hätten u. a. die Nachbarinnen Frau Poll und Lizzie den Tubenfund bezeugt. Währenddessen fällt Mia auf, dass vor dem Gefängnis nicht mehr für sie demonstriert wird.

Mias Angebot: Abgabe des Falls

Rosentreter gibt sich dennoch kämpferisch und nennt ihr seine Vorhaben, doch Mia reagiert, indem sie ihm anbietet, ihren Fall abzugeben. Dieses Angebot ist für ihren Verteidiger zwar verlockend, aber er beschließt trotz seines Hasses, an ihrer Seite zu bleiben und den Fall weiterzuführen. Mia nimmt seine Entscheidung äußerlich gleichgültig auf. Rosentreter vermutet, dass ihr klar geworden ist, dass die „Methode" sie auf der Grundlage der gesammelten Daten problemlos und ohne dass irgendwelche juristischen Schritte dem irgendetwas entgegensetzen könnten, zur Terroristin erklären kann.

Sinnlosigkeit von Rosentreters Engagement für Mia

Auf Mias Nachfrage, wie es ihrem Anwalt privat gehe, antwortet Rosentreter, er habe sich getrennt, weil er sich mit seiner Geliebten über Mias Fall zerstritten habe. Dass dies der Grund für seinen Hass gegen Mia ist, hat er sich offenbar nicht selbst eingestanden. Seine methodenkonforme Freundin sei der Meinung gewesen, ihre Liebe sei nicht wichtiger als das System, sie sei kein Grund, eine Terroristin zu verteidigen. Damit ist Mias Fall für Rosentreter, wie Mia bemerkt, vollkommen sinnlos geworden. Er ist entsetzt, dass sie seine Situation für schlechter hält als ihre eigene. Sie erklärt ihm, dass sie alles, was sie tue oder ihr widerfahre, mit ihrem toten Bruder rechtfertigen könne.

Heimliche Übergabe einer Nadel

Bevor Rosentreter verzweifelt den Raum verlässt, schiebt er noch die von Mia erbetene lange Nadel heimlich durch ein Sprechloch in der Plexiglasscheibe, die sich zwischen

Häftling und Besucher befindet – eine Analogie zur Übergabe der Angelschnur durch Mia an Moritz (vgl. 9. Kapitel). Dem Leser/der Leserin wird dadurch suggeriert, dass auch Mia den erhaltenen Gegenstand zum Suizid verwenden wird.

Mittelalter (46. Kapitel)

Mia verlangt eine Gegendarstellung zum Vorwurf des geplanten Giftanschlags und will Kramer diese diktieren. Dieser lehnt ab. Sie will ihn gewaltsam dazu zwingen, aber Kramer zeigt sich scheinbar völlig unbeeindruckt, sodass sie aufgibt.

Mias Absicht: Gegendarstellung

Er knüpft an das von Mia nicht unterschriebene Geständnis an und führt aus, dass bei Fehlen eines Geständnisses stattdessen eine lückenlose Beweiskette erforderlich sei. Eine solche sei bei ihr zwar gegeben, dennoch wäre es von Vorteil für Mia, wenn sie gestehe. Sie erfährt von Kramer, dass man ihr Hochverrat zur Last legt.

Kramers Beharren auf einem Geständnis

Der Methodenschutz habe für sie bei Staatsanwalt und Richter erwirkt, dass diese bei Vorliegen eines Geständnisses mildernde Umstände annehmen und daher lediglich eine Haftstrafe verhängen würden. Sonst drohe die schwerste Strafe: der Scheintod durch Einfrieren. (Das Einfrieren von Menschen, das die Kryoniker[1] unserer Tage als Chance sehen, das Leben von Menschen in der Zukunft zu verlängern, wird also von der „Methode" als Strafe eingesetzt, um Menschen vorübergehend das Leben zu entziehen.)

Massive Beeinflussung des Gerichts durch den Methodenschutz

Mia weist Kramers Erpressungsversuch zurück und sperrt sich weiterhin dagegen, das Geständnis zu unterschreiben, denn sie habe nichts mehr zu verlieren außer ihrer Seele,

Mias Ablehnung: Würdeerhalt

---

[1] Kryoniker: Anhänger der Kryonik, d. h. der Konservierung von Lebewesen oder Organen durch eine spezielle Einfriertechnik mit dem Ziel, sie in einer Zukunft, in der entsprechende Technologien zur Verfügung stehen, wieder zum Leben zu erwecken

ihrem Geist, ihrer Würde. Sie weist Kramer fluchend zurecht, als dieser sich auf ihren Bruder bezieht.

Kramers
Bezeichnung
von Mia als Hexe

Kramer macht sich lustig über ihren „Hexenfluch" (S. 232),
wird dann aber ernst und gibt zu, dass sich bei Moritz Holl
gezeigt habe, dass die „Methode" fehlbar sei, und die R.A.K.
unterstützt werde, indem einige sich nicht mehr ihren Ge-
sundheits- und Hygienepflichten unterzögen.

Krankheits-
anfälligkeit der
Gesellschaft

Dies aber sei äußerst gefährlich in einer Gesellschaft, in der
niemand mehr ein intaktes Immunsystem habe, sodass alle äußerst krankheitsanfällig seien. Zukünftige Methodengegner würden sich immer auf Moritz Holl beziehen und
dafür trage Mia die Verantwortung. Um das System zu ret-
ten, sei es daher wichtig, dass sie ohne Rücksicht auf ihre
Würde gestehe.

Mias konse-
quente Ablehnung
des Geständnisses

Kramer will ihr noch eine Bedenkzeit einräumen, doch Mia
fällt ihre Entscheidung sofort und lehnt das Geständnis
weiterhin ab; Argumente seien für sie unerheblich.

Drohen
mit Folter

Kramer droht ihr dann damit, dass es trotz des fortschrittli-
chen juristischen Systems der „Methode" zur Folter kommen könne. Mia nimmt diese Drohung nicht ernst und will
den Raum verlassen, doch er ist verschlossen.

Mias Festhalten
an ihrem
Standpunkt

Kramers Warnung hat ihre These bestätigt, dass auch die
„Methode" keine Weiterentwicklung darstelle, sondern
dass sich die Ideologien nur ablösten, ohne dass sich We-
sentliches ändere, die „Methode" also im Grunde dem Mit-
telalter verhaftet sei. Mia bleibt dennoch bei ihrem Standpunkt und erfährt von Kramer, dass dieser zu sensibel sei,
um ihrer Folterung beizuwohnen.

„Es" regnet (47. Kapitel)

Folgen der
Folterung mit
Stromschlägen

Mia ist, wie von Kramer angedroht, mit Stromschlägen gefoltert worden und versucht nun mühsam, wieder zu sich
zu kommen, obwohl sie die Elektroschocks auch im Nachhinein noch in Krämpfe versetzen. Sie redet sich selbst zu,
dass diese Folter nur ihren Körper und dessen Teile betreffe

und demzufolge nicht ihre Seele, ihren Geist oder ihre Würde.

Aber die Folter wird auch in ihrer Zelle fortgesetzt: Das Licht wird in regelmäßigen kurzen Abständen an- und ausgeschaltet, sodass sich Mia weder konzentrieren noch schlafen kann.

Folterung durch ständigen Hell-/Dunkelwechsel

Sie redet mit Moritz und vollzieht den Gottesbeweis nach, den er ihr als Zwölfjähriger erklärt hat: Durch die Behauptung, Gott gebe es nicht, werde bewiesen, dass er existiere, denn wenn er nur erfunden wäre, müsste seine Existenz ja erst gar nicht geleugnet werden, da allen klar wäre, dass es sich um eine bloße Fantasiegestalt handelte. Mia denkt laut weiter nach über das Philosophieren mit Moritz, so über seine Überlegungen zum Personalpronomen „es" in Formulierungen wie „Es gibt …" oder „Es regnet"[1] (S. 239): Wer oder was handelt hier? Steckt Gott in dem Pronomen? Mia fühlt sich von der Natur abgeschnitten, sie bekommt weder Wetter noch Zeit mit. Sie fühlt sich ausgeliefert und von der Situation vollkommen überfordert. Für sie ist Moritz mittlerweile das Einzige, was sie noch hat, und sie klammert sich daher an alle Erinnerungen an ihren Bruder. Sie leidet weiter vor sich hin, bis sie das Bewusstsein verliert.

Mias „Gespräche" mit Moritz über Sinnfragen

Dünne Luft (48. Kapitel)

Kramer besucht Mia. Nach den Elektroschocks wäscht er ihr Gesicht mit einem Essigschwamm und begleitet dies mit den Worten: „„Ich arbeite an Ihrer Auferstehung.'"

Bezug auf Kreuzigung

---

[1] Es handelt sich hier nach Helbig/Buscha um die Verwendung des Personalpronomens als nur formales Subjekt, d. h., es liegt zwar die grammatische Funktion des Subjekts vor, aber das Subjekt bezeichnet keinen Handlungsträger und ist damit inhaltsleer (Helbig, Gerhard/Buscha, Joachim: Deutsche Grammatik. Ein Handbuch für den Ausländerunterricht. 15., durchgesehene Aufl. Leipzig: Langenscheidt 1993, S. 308).

(S. 242) Hier wird Bezug genommen auf Jesu Tränkung mit Essig vor seinem Kreuzestod (vgl. das Evangelium nach Markus Kap. 15,36). So, wie die Essiggabe nicht etwa zu echter Linderung führt, sondern als Verlängerung der Qual gedeutet werden kann, geht es Kramer ebenfalls nur darum, dass Mia die Folterungen noch länger erdulden kann und muss. Da er – wie das gesamte herrschende System – das Christentum wie alle Religionen für überkommen hält, zieht seine die Essigwaschung begleitende Bemerkung die Situation auf besonders geschmacklose und abstoßende Weise ins Lächerliche.

Schwacher Körper, starker Geist

Obwohl Mia sehr geschwächt ist und kaum aus eigener Kraft sitzen kann, zeigt sie sich schon wieder kämpferisch. Sie verweist darauf, dass sie nach der Tradition der Hexenprozesse mit dem Überstehen der Folter nun freigelassen werden sollte, und befiehlt Kramer, sich in eine Ecke zu stellen und hinzuknien.

Befehle Mias, Gehorsam Kramers

Er kommt den Befehlen nach und wirkt trotz seiner Ablehnung jeglicher Religion wie ein Betender. Unterdessen erklärt er Mia, dass er angenommen habe, „alle wichtigen Fragen bereits in jungen Jahren ergründet zu haben" (S. 243). Das ideale Leben bestehe aus vier Teilen zu je zwanzig Jahren: „„Die ersten zwanzig Jahre ist man ein denkender, die nächsten zwanzig ein redender Mensch. Während der dritten Etappe wird gehandelt und auf der letzten kehrt man wieder zum Denken zurück."" (S. 244)

Kramers Freude: intellektuelle Herausforderung durch Mia als Jungbrunnen

Er sei nun wieder zum Handelnden geworden, aber Mia rege ihn zum Nachdenken an und dadurch fühle er sich wieder jünger. Währenddessen führt er weitere Befehle der geschwächten Mia aus: Er tastet mit den Fingernägeln die Kachelfugen am Fußboden ab, gibt ihr die lange Nadel, die er dabei findet, und wundert sich, dass Mia sich nicht dafür interessiere, worüber er nachdenke. Er sieht sich nicht als fanatisch, während Mia, die ihm dies vorgeworfen habe, selbst eine Fanatikerin sei.

Mia bedroht Kramer mit der Nadel, während er davon unbeeindruckt fortfährt, dass man die Rollen genauso gut umgekehrt ansetzen könne, da es keinen Unterschied zwischen Fanatiker und Märtyrer gäbe.

So könne er von sich sagen, dass er sich für die „Methode" aufopfere. Mia hält ihn dagegen weiterhin für einen verblendeten Fanatiker, gegen den sie selbst harmlos sei. Sie gesteht ihm, dass sie die Nadel ursprünglich als Waffe gegen ihn habe benutzen wollen, aber das sei er ihr nicht mehr wert.

Kramer entfernt sich etwas von Mia und sieht angeekelt zu, wie sie die Nadel in ihren Oberarm rammt und versucht, damit ihren Chip zu finden.

Sie klagt Kramer ihres desolaten Zustands und der Zerstörung ihrer Existenz an und wirft ihm vor, nicht logisch zu handeln, obwohl er die Vernunft angeblich so hoch schätze, und ein Fanatiker zu sein, „der sich seines Fanatismus schämt" (S. 247), und damit die von ihm hochgehaltene Ideologie, deren eifrigster Unterstützer er sein wolle und von der er profitiere, im Grunde verachte.

Kramer wirkt nicht mehr ganz so selbstbewusst wie gewohnt. Mia weist ihn darauf hin, dass es ein Urteil einer höheren Macht über ihn nicht geben werde, und impliziert damit, dass Kramer seine Taten vor sich selbst verantworten muss.

Mittlerweile hat Mia den Chip herausoperiert und überreicht ihn Kramer: „‚Das bin ich. Ihr rechtmäßiger Besitz.'" (S. 248) Mit der Gleichsetzung des Chips mit ihrer eigenen Person weist sie auf die Tatsache hin, dass die „Methode" das Individuum als bloße Sammlung messbarer körperlicher Daten betrachtet.

Kramer nimmt den Chip an sich, während Mia sich als ausgeliefert und gleichzeitig frei ansieht. Er versucht, sie als Märtyrerin zu verachten, hat aber selbst Zweifel daran.

Gleichsetzung von Fanatismus und Märtyrertum

Kramers Selbstinszenierung: Aufopferung

Herausoperieren des Chips

Anklage gegen Kramer

Eigenverantwortung Kramers

Chip als Essenz des Individuums im System der „Methode"

Verunsicherung Kramers

Siehe oben (49. Kapitel)

Verhandlung gegen Mia

Mia ist wieder im Gerichtssaal. Sie wird darin in einem Käfig festgehalten und fühlt sich dadurch wie eine an ihrem eigenen Prozess unbeteiligte Zuschauerin, den sie nur bruchstückhaft mitbekommt. Laufend wird Mia mit Desinfektionsmittel besprüht.

Selbstwahrnehmung Mias: Zuschauerin

Sie fühlt sich, wie wenn sie verrückt geworden wäre. Im Saal ist eine große Menschenmenge anwesend und es herrscht Unruhe. Mia vermisst Richterin Sophie, die durch Richter Hutschneider ersetzt worden ist.

Bitte Rosentreters um Verzeihung

Rosentreter bittet seine Mandantin so lange um Verzeihung, bis er anscheinend von ihrem Käfig gezerrt wird. Der Leser/die Leserin nimmt hier an, Rosentreter beziehe sich dabei auf sein bisheriges Versagen, doch im Verlauf des Kapitels wird klar, dass er wohl vor allem den Verrat, den er an Mia ausüben wird, meint. Ein Arzt, der ihren Chip auslesen soll, muss zu Mias Freude dieses Vorhaben unverrichteter Dinge aufgeben.

Antrag der Staatsanwaltschaft

Hutschneider eröffnet die Verhandlung der „Methode" gegen Mia Holl. Staatsanwalt Bell verliest zahlreiche von Mia angeblich begangene Straftaten. Mia empfindet alles wie eine große Theatervorstellung, an deren Ende freundlicherweise allen Schauspielern noch einmal Respekt gezollt wird. Sie applaudiert, als Bell den Antrag auf die Höchststrafe stellt: Einfrieren auf unbestimmte Zeit.

Einschreiten der Sicherheitswacht gegen Zuschauer

Im Publikum protestiert ein Zuschauer, doch wird er von den meisten Anwesenden niedergebrüllt und sofort abgeführt. Rosentreter stellt „aufgrund der erdrückenden Beweislage" (S. 253) keinen Gegenantrag der Verteidigung.

Verrat Rosentreters auf beruflicher und persönlicher Ebene

In einer kurzen – wohl vom Methodenschutz für ihn vorbereiteten – Erklärung, die er verliest, verleiht er seiner Angst Ausdruck, durch seine Funktion als Verteidiger einer Systemgegnerin selbst methodenfeindlich zu wirken, und rät der Gegnerin, sich selbst zu verteidigen. Außerdem bekennt er sich in dem Text ausdrücklich zur „Methode". Mia reagiert mit Buhrufen. Auch die Person im Publikum, die jetzt protestiert, wird sogleich zum Schweigen gebracht. Hutschneider akzeptiert Rosentreters Rückzug und ruft Kramer als Zeugen auf.

Mia betrachtet ihn liebevoll. Kramer inszeniert sich äußerst selbstbewusst und agitiert anfangs in gewohnter Weise. Nach seinem Lob auf die „Methode" stellt er Mia als intelligente, gefährliche Methodenfeindin dar, der als Fanatikerin die Verhängung der Höchststrafe entgegenkomme. Dies wird vom Publikum und von Mia, die emotional überfordert ist, mit Applaus quittiert.

Mias Hassliebe zu Kramer

Die drei Nachbarinnen sollen ihre Anwesenheit bei der Durchsuchung von Mias Wohnung bezeugen, doch Driss ruft aus, dass Mia eine Märtyrin und ein „guter Terrorist" (S. 256) sei, was zu weiteren Tumulten im Saal und Festnahmen, u. a. auch von Driss selbst, führt. In Anlehnung an Moritz Holls Ausspruch ertönt außerdem der Zwischenruf „,Ihr opfert Mia Holl auf dem Altar eurer Verblendung!'" (S. 257), was an Moritz' entsprechende Aussage anknüpft (vgl. S. 139 f.).

Zeugenaussage der Nachbarinnen → Tumulte

Mia rüttelt am Käfig, wodurch neugierige Ruhe einkehrt. Sie sagt den Menschen, dass sie nur die Wahl hätten zwischen gewalttägigem Widerstand oder Akzeptanz des Systems. Eine andere Möglichkeit gebe es nicht, wenn etwas bewirkt werden solle; sie müssten sich klar entscheiden. Die Masse schweigt daraufhin, weil sie dies offensichtlich nicht gern hört oder weil sie sich wie einer der Beisitzer wundert, dass eine angebliche Fanatikerin sich derartig äußert.

Mias Aufruf: gewalttätiger Widerstand oder Akzeptanz des Systems als einzige Alternativen

Hutschneider wertet Mias Aufruf als Verhöhnung des Gerichts und schließt die eigentlich keineswegs zu Ende geführte Verhandlung. Auf die Frage, wessen Anwesenheit sie bei der Urteilsvollstreckung wünsche, nennt sie Kramer, der in ihren Wunsch einwilligt. Mia fühlt sich als Siegerin, obwohl Hutschneider daraufhin die schon vor der Ver-

Verlesen des vorgefertigten Urteils

handlung offenbar durch den Methodenschutz festgelegte Verurteilung zum Scheintod verliest. Der Wortlaut entspricht dem zweiten Kapitel.

Zu Ende (50. Kapitel)

Vorbereitungen auf Urteils- vollstreckung

Mia liegt auf die Urteilsvollstreckung vorbereitet auf einer Liege und blickt ihrem Schicksal gefasst entgegen. Hutschneider führt das Protokoll, während Kramer als Vertrauensperson anwesend ist. Mia wird ein letzter Wunsch gewährt, wie es dem Klischee entspricht. Um diesem zu entsprechen, verlangt sie nach einer Zigarette, was Kramer anscheinend bereits geahnt hat. Der ängstliche Hutschneider dagegen traut sich nicht zu dokumentieren, was Mia sich gewünscht hat. Kramer erwähnt, dass ihm ihre Abschlussrede vor Gericht gefallen habe. Hutschneider veranlasst unterdessen, dass mit der Vollstreckung des Urteils begonnen wird.

Unerwartete Begnadigung

Doch unmittelbar nach dem Start des Einfrierens platzt Bell herein und verkündet, dass der Vorgang abzubrechen sei. Er verliest, dass der Präsident des Methodenrats „auf Antrag der Verteidigung und nach Wunsch von höchster Stelle" (S. 263) Mia begnadige. Weder sie noch Hutschneider können dies verstehen, während Kramer sich vor Lachen kaum beruhigen kann; es scheint, dass er, Mias Vertrauensperson für die Vollstreckung, die Begnadigung erwirkt hat. Kramer unterstellt Mia, sie habe gehofft, als Märtyrerin unterzugehen. Daran habe die „Methode" selbstverständlich kein Interesse, weil es die Widerstandskräfte gestärkt hätte. Mia wäre nun frei.

Katastrophale Folge für Mia: Umerziehungs- maßnahmen

Diese begreift aber, dass dem mitnichten so ist, und verlangt nach der Vollstreckung des Urteils. Kramer erläutert indessen Hutschneider alle Maßnahmen, mit deren Hilfe Mia einer Gehirnwäsche unterzogen werden solle. Dadurch soll sie zur glühenden Anhängerin der „Methode" umerzogen werden.

Hintergründe

Juli Zehs Leben und Werk

Juli Zeh (*1974) ist promovierte Juristin mit den Schwerpunkten Völker- und Europarecht und hat einen Diplomstudiengang in literarischem Schreiben absolviert. Zwar hat Zeh auch Kurzgeschichten, Hörspiele und Kinderbücher veröffentlicht, doch hat sich die Autorin v. a. durch ihre Romane einen Namen gemacht.

Schriftstellerin und Juristin

Ihr Debütroman 2001, „Adler und Engel", wurde viel beachtet. Er weist Elemente eines Thrillers auf und ist im Milieu von Juristen und Drogen- und Waffenschmugglern angesiedelt. Darin werden u. a. Völkerrechtsfragen und die Kriegsverbrechen auf dem Balkan in den 1990er-Jahren thematisiert.

2006 erschien der Roman „Spieltrieb", in dem eine Schülerin und ein Schüler einen Lehrer auf durchtriebene Weise erpressen, bis die Situation in einem Gewaltausbruch völlig eskaliert. Im Zusammenhang mit Fragen der Spieltheorie, der Selbsterfahrung durch Macht bzw. Unterwerfung geht es um die Frage nach dem grundsätzlichen Sinn menschlichen Handelns.

Neben etlichen weiteren Romanen ist überdies „Unterleuten" (2016) zu nennen. In diesem Roman wird das gesellschaftliche Panorama eines fiktiven Dorfs mit seinen Interessenkonflikten, z. B. zwischen Alteingesessenen und Zugezogenen, zwischenmenschlichen Verwerfungen, Intrigen und den gravierenden Folgen einzelner Entscheidungen aus der Perspektive verschiedener Figuren dargestellt. Angesprochen werden u. a. Themen wie Selbstverwirklichung und politische Mitbestimmung, Umweltschutz und ein Kapitalismus, der lediglich auf die Gewinnmaximierung der Investoren abzielt.

Juli Zeh hat außer literarischen auch journalistische Texte veröffentlicht. Im Zusammenhang mit „Corpus Delicti" (2009) ist besonders Ilija Trojanow/Juli Zeh: „Angriff auf die Freiheit. Sicherheitswahn, Überwachungsstaat und der Abbau bürgerlicher Rechte" von Interesse; in dieser ebenfalls 2009 erschienenen Streitschrift wird der Konflikt zwischen persönlicher Freiheit und Sicherheit vor Terror auf zugespitzte Weise thematisiert.

Für ihr schriftstellerisches Werk erhielt Zeh zahlreiche Preise.

Politisches Engagement Zeh, die mittlerweile auch parteipolitisch aktiv ist und der SPD angehört, ist eine politisch engagierte Autorin, die sich immer wieder in aktuelle Debatten einbringt, insbesondere für den Datenschutz und für die Unterstützung des europäischen Gedankens. Für ihr Engagement für demokratische Belange, v. a. „für die bürgerlichen Freiheitsrechte im digitalen Zeitalter"[1], wurde ihr im Mai 2018 vom Bundespräsidenten der Bundesverdienstorden verliehen.

Juli Zehs Hintergrund und Themen

Dichterjuristin Schriftsteller mit juristischem Hintergrund sind in der deutschen Literatur nicht ungewöhnlich und zeigen oft eine aufklärerische Zielsetzung, wie sie auch bei Juli Zeh

---

[1] www.bundespraesident.de/SharedDocs/Berichte/DE/Frank-Walter-Steinmeier/2018/05/180522-Verdienstorden-GG.html?nn=2236336 (19.10.2018)

festzustellen ist: Sie steht in dieser Hinsicht in der Tradition von Heinrich Heine[1], Franz Kafka[2] und Kurt Tucholsky[3]. Weitere Dichterjuristen der deutschen Gegenwartsliteratur sind z. B. Ferdinand von Schirach[4] und Bernhard Schlink[5]. Juli Zeh bringt immer wieder ihre juristischen Kenntnisse und rechtliche Fragen in ihre fiktionalen Werke mit ein, so auch im Roman „Corpus Delicti": Obwohl Juli Zeh den Un-

Juristische Elemente im Roman „Corpus Delicti"

[1] Heinrich Heine (1797–1856): Heine war promovierter Jurist. Er gilt einerseits als letzter Vertreter der Romantik, andererseits v. a. durch seinen ironischen Umgang mit romantischen Motiven auch als Überwinder dieser Epoche. Nicht nur in seinen Gedichten, sondern auch in seinen Essays und Reiseberichten übte er immer wieder heftige Kritik an den herrschenden Verhältnissen, z. B. an der Zensur und an der Ausbeutung der Arbeiter. Sowohl wegen seines politischen Engagements als auch wegen seiner jüdischen Herkunft wurde er angefeindet. Dies führte u. a. dazu, dass im 20. Jh. die Nationalsozialisten sein wohl berühmtestes Gedicht, „Die Lore-Ley", einem unbekannten Verfasser zuschrieben, um die Erinnerung an ihn auszulöschen.

[2] Franz Kafka (1883–1924): Kafka war ebenfalls promovierter Jurist und arbeitete hauptberuflich bei der „Arbeiter-Unfallversicherungs-Anstalt für das Königreich Böhmen in Prag". In seiner Freizeit verfasste er zahlreiche Erzählungen und Romane, die zum größten Teil erst nach seinem Tod veröffentlicht wurden. In nüchterner Prosa werden in seinen Werken komplexe absurde Szenarien entworfen, denen die Hauptfiguren ausgeliefert sind. In den oft verschiedene Interpretationsmöglichkeiten eröffnenden Texten werden existenzielle Fragen nach dem Sinn des menschlichen Lebens aufgeworfen.

[3] Kurt Tucholsky (1890–1935): Auch Tucholsky war promovierter Jurist. Doch schon gegen Ende seines regulären Studiums war er journalistisch und schriftstellerisch tätig. In seinen viel beachteten Texten kritisierte er gesellschaftliche Fehlentwicklungen und engagierte sich sehr deutlich politisch u. a. gegen das Erstarken des Nationalsozialismus. Frustriert wegen seiner dennoch wirkungslos gebliebenen Warnungen zog sich Tucholsky schließlich nach Schweden zurück, wo er sich das Leben nahm.

[4] Ferdinand von Schirach (* 1964): Schirach ist Rechtsanwalt und hat u. a. mehrere Bände mit Erzählungen veröffentlicht, die oft auf Fällen basieren, mit denen er selbst befasst war.

[5] Bernhard Schlink (* 1944): Schlink ist ein emeritierter Professor für Öffentliches Recht und Rechtsphilosophie. Als Schriftsteller hat er zahlreiche Romane und Erzählungen veröffentlicht, in denen immer wieder die Frage nach Schuld und Gerechtigkeit eine zentrale Rolle spielt.

tertitel „Ein Prozess" selbst gar nicht als solchen versteht,[1] verweist das Wort „Prozess" auf einen Rechtsstreit, das zweite Kapitel ist das Urteil gegen die Hauptfigur und die Handlung des gesamten Romans verfolgt zu großen Teilen das Voranschreiten der juristischen Schritte, die gegen die Protagonistin eingeleitet werden, gipfelnd in der Urteilsvollstreckung am Ende. Die Abfolge des Verfahrens im Roman erscheint dem Leser/der Leserin auf den ersten Blick aus dem eigenen Rechtsstaat vertraut, doch in gravierenden Abweichungen davon entlarvt sich der Staat in der Romanwelt als Unrechtsstaat: So wird z. B. nicht einmal die Beweisaufnahme abgeschlossen, ehe das Urteil gegen Mia Holl verkündet wird, das wiederum nicht der Richter selbst fällt, sondern ihm von den Mächtigen im Staat, dem Methodenschutz, offenbar vorgegeben wird (vgl. S. 258).

Politisches Engagement Auch Zehs gesellschaftlich-politisches Engagement ist nicht von ihrem schriftstellerischen Werk zu trennen. Themen, die sie als brisant und wichtig ansieht, verhandelt sie fiktional wie nicht fiktional: So beschäftigt sie sich z. B. mit der Frage nach der Bedeutung der Freiheit angesichts einer sicherheitsorientierten Politik sowohl im Roman „Corpus Delicti" als auch in dem im gleichen Jahr veröffentlichten „Angriff auf die Freiheit" (s. o.): Die Streitschrift kann also als eine Art Kommentar zum Roman gelesen werden. Auch in öffentlichen Diskussionen hat sich Zeh häufig zum Problem Freiheit vs. Sicherheit geäußert.

Frage nach sinnvoller Lebensgestaltung Darüber hinaus geht Zeh immer wieder der Frage nach, wie Leben sinnvoll gestaltet werden kann in einer Gesellschaft, in der es keine Basis gemeinsamer humaner Werte gibt und die daher gefährdet ist durch Machtmissbrauch zugunsten der Interessen einzelner Personen oder bestimmter Grup-

---

[1] „Ich habe es Prozess genannt, weil ich ein schlechtes Gewissen hatte, es Roman zu nennen." (https://rp-online.de/kultur/kunst/wie-uebersetzer-mit-juli-zeh-zu-kaempfen-haben_aid-12687627 (19.10.2018)

pen. Sie beantwortet diese Frage damit, Szenarien zu entwerfen, in denen gezeigt wird, wie ein gutes Leben gerade <u>nicht</u> aussieht, selbst wenn es sich wie im Roman „Corpus Delicti" im System der „Methode" vordergründig als äußerst menschenfreundlich präsentiert.

Literarische Einflüsse – Gattung des dystopischen Romans

Im Roman „Corpus Delicti" wird eine Welt entworfen, die gegenwärtige, vermeintlich harmlose oder gar als vorteilhaft angesehene Entwicklungen weiterspinnt, und zwar in eine negative Richtung, die sowohl dem Einzelnen als auch der Allgemeinheit letztlich schadet: Aus der jetzigen großräumigen Überwachung wird eine allgegenwärtige, aus dem zurzeit boomenden Gesundheits- und Fitnesstrend werden staatlich vorgeschriebene und von allen Bürgern und Bürgerinnen akribisch zu befolgende Verhaltensregeln (Missachtung ist bei Strafe verboten), aus der Orientierung an messbaren Werten wird eine Absolutsetzung von Daten. Manches aus der Romanwelt ist dabei weiter von der heutigen Realität entfernt (Diktatur statt Demokratie), anderes sehr nah an den Erfahrungen der Gegenwart (sehr hohe Wertschätzung der Gesundheit).

Weiterentwicklung gegenwärtiger Tendenzen

Durch die Überzeichnung gegenwärtiger Tendenzen soll Kritik an aktuellen Fehlentwicklungen geübt werden, z. B. am mangelhaften Schutz digitaler Daten und am übertriebenen Körperkult. Es liegt also ein „negatives Warnszenario" vor (Schölderle, S. 136): Was geschildert wird, soll unbedingt verhindert werden.

Kritik an Fehlentwicklungen

Die dargestellten Merkmale sind charakteristisch für sogenannte „negative Utopie"/„Anti-Utopien"/„Dystopien" – diese Begriffe werden oft synonym verwendet, obwohl es Einwände gegen diese Gleichsetzung bzw. Benennung und

Utopie vs. Dystopie

auch hinsichtlich der Abgrenzung von der Utopie gibt (vgl. Schölderle, S. 135 ff.[1]). Texte, die im konventionellen Verständnis als „Utopie" bezeichnet werden (eigentlich „Nirgendwo" von grch. ou = „nicht" und tópos = „Ort"), beschreiben eine fiktive positive Welt.[2] Die Gattung der „Dystopie" (von grch. dys = „schlecht" und tópos = „Ort") beschäftigt sich hingegen mit dem Gegenteil: einer fiktiven Welt, die Merkmale der Gegenwart in weiterentwickelter, übersteigerter, pervertierter Form trägt und die dadurch aufzeigt, welche drastischen negativen Folgen aus der aktuellen Situation in der Zukunft hervorgehen können; es ist eine Welt, die „einer Schreckensvision entspringt" (Gnüg, S. 18).

Merkmale der Dystopie Typisch an dieser negativen Welt ist, dass ein totalitäres politisches System vorliegt, das die Freiheit der Menschen und ihre individuellen Mitbestimmungs- und Entfaltungsmöglichkeiten massiv beschneidet. Gerade in Krisenzeiten, wenn also Orientierungsbedarf besteht, haben Dystopien Hochkonjunktur (vgl. Schölderle, S. 158). Außerdem drückt sich in dystopischen Texten der weitverbreitete Zweifel daran aus, dass die technologischen Fortschritte der letzten Jahrzehnte wirklich vorteilhaft sind (vgl. Gnüg, S. 19). Darüber hinaus ist mit ihrer Warnfunktion ein indirekter Appell an die Leser und Leserinnen verbunden, die Entwicklung in die dargestellte Richtung zu verhindern und stattdessen auf eine humane Gesellschaft hinzuarbeiten (vgl. Schölderle, S. 163).

Juli Zehs Roman ist daher in die Tradition von Werken wie z. B. Aldous Huxleys „Brave New World" (1932) oder George

---

[1] Schölderle selbst bevorzugt „Utopie" als Oberbegriff für „Eutopie" (= positive Utopie) und „Dystopie" (= negative Utopie) (vgl. Schölderle, S. 138). Zum Begriff „Utopie" selbst vgl. Schölderle, S. 10 f.

[2] Die Wortschöpfung *utopia* geht auf Thomas More zurück. Da die beiden grch. Präfixe ou und eu („gut") im Englischen gleich ausgesprochen werden, klingt *utopia* wie *eutopia* („guter Ort") (vgl. Schölderle, S. 10 f.).

Orwells „1984" (1949) einzuordnen: Auch in diesen Werken wird ein totalitäres System geschildert, welches sich in positivem Licht präsentiert, in Wirklichkeit jedoch das Individuum und dessen Bedürfnisse nach Freiheit und Selbstentfaltung durch Propaganda, Kontrolle, Manipulation oder Folter unterdrückt und sich damit als zutiefst unmenschlich erweist. Typischerweise gerät eine anfangs gut in die geschilderte Gesellschaft integrierte Hauptfigur in Konflikt mit dem System und nimmt dann den Kampf gegen dessen Übermacht auf, den sie am Ende üblicherweise verliert. Zwar entwerfen negative Utopien unterschiedliche Zukunftsszenarien, doch warnen sie vor allem vor dem Verlust der menschlichen Freiheit zugunsten vermeintlicher anderer Vorteile, die oft ähnlich wie im Roman „Corpus Delicti" in Gesundheit, ewiger Jugendlichkeit, einem materiell sorgenfreien Leben usw. bestehen.

Gemeinsamkeiten von „Corpus Delicti" mit typischen Vertretern der Gattung

Weitere Beispiele für diese Gattung sind u. a. Jewgeni Samjatins „Mbl" (dt. „Wir") (1920), Ray Bradburys „Fahrenheit 451" (1953) und Margaret Atwoods „The Handmaid's Tale" (1985). Samjatins Roman ist einer der ersten, der ein totalitäres System präsentiert, welches das Leben seiner nur mit Nummern benannten Bürger und Bürgerinnen scheinbar perfekt durchorganisiert und dadurch das Individuum an der Selbstverwirklichung hindert und zerstört. Bradburys Dystopie geht von einem Staat aus, der Bücher und damit das Denken radikal verbietet. Wer Bücher besitzt, gilt als Staatsfeind, seine Bücher werden verbrannt und er selbst wird getötet. „The Handmaid's Tale" wiederum erzählt von einer christlich-fundamentalistischen Diktatur, in der Frauen den Männern völlig untergeordnet sind; da viele Menschen unfruchtbar sind, müssen die wenigen fruchtbaren Frauen den mächtigen Männern sexuell zur Verfügung stehen und ihnen und ihren Frauen Kinder gebären.

Weitere wichtige Beispiele für die Gattung

Dystopien gibt es aber u. a. auch im Film (z. B. A. Niccol: „Gattaca" (1997), L. und A. Wachowski: „Matrix" (1999)), in

Fernsehserien (C. Brooker: „Black Mirror" (2011 ff.)) und in Videospielen.

Die Entstehung des Romans „Corpus Delicti"

Während Romane im Nachhinein oft in eine dramatische Form umgewandelt werden, hat Juli Zeh hier den umgekehrten Weg beschritten. „Corpus Delicti" wurde zuerst 2007 als Drama uraufgeführt (im Rahmen der Ruhrtriennale in Essen), ehe es zwei Jahre später in Romanform erschien. Ebenfalls 2009 erschien eine aus der Kooperation Zehs mit der Ingolstädter Indie-Band Slut hervorgegangene sogenannte „Schallnovelle" des gleichen Titels. Dabei handelt es sich um ein Hörspiel zum Roman, das von Songs der Band durchbrochen und ergänzt wird.

Wichtige Motive und Themen des Romans „Corpus Delicti"

Motiv der Hexe

Hexe als Nicht-Zugehörige, als Außenseiterin

An mehreren Stellen nimmt der Roman Bezug auf die Figur der Hexe bzw. die Hexenverfolgungen in früheren Zeiten, v. a. zu Beginn der Frühen Neuzeit, als auch eine Nördlingerin namens Maria Holl der Hexerei angeklagt wurde. So geht die ideale Geliebte auf die Herkunft des Wortes „Hexe" ein; sie sieht Mia als Hexe im ursprünglichen Sinn des Wortes, also als „Heckengeist", als „Zaunreiterin", als jemand, der weder drinnen noch draußen ist, der keiner von zwei Seiten angehört, sondern sich dazwischen befindet. Wer sich nirgends zugehörig fühle, sei in der Position einer Außenseiterin und damit ein willkommenes Opfer für ein System, das einen Sündenbock brauche, um sich selbst wieder zu festigen – es wird damit schon angedeutet, dass Mia ein Hexenprozess droht. Die ideale Geliebte fordert von Mia, sich klar zu Moritz als einem Opfer der „Methode" zu bekennen, statt sich nicht festzulegen und damit im gefährlichen Zwischenreich zu verbleiben (vgl. S. 143 f.). Allerdings erspart das Bekenntnis zu Moritz Mia nicht den Prozess, der ihr im weiteren Verlauf gemacht wird.

Mias Gegenspieler Heinrich Kramer trägt wiederum den Namen des Verfassers des „Hexenhammers", eines Buches aus dem 15. Jahrhundert, das die Hexenverfolgung nicht nur rechtfertigt, sondern sie explizit fordert. Der Zusammenhang Kramers mit dem „Hexenhammer" wird außerdem dadurch hergestellt, dass er von einem „Hexenfluch" (S. 232) Mias spricht. Darüber hinaus passt nicht nur die Unbedingtheit, mit der er an der „Methode" festhält, zur starren Haltung eines Inquisitors, sondern auch die Androhung und Durchführung von Folter, wie sie Mia später erleiden muss.

Kramer als Inquisitor

Bedeutung der Medien und mangelnde Gewaltenteilung

Der Roman thematisiert des Weiteren die Rolle der Medien bei der Hexenjagd auf Mia Holl. Im konventionellen Verständnis dienen die Medien der Information und Meinungsbildung der Bevölkerung und haben damit eine wichtige Funktion in demokratischen Gesellschaften. Sie werden daher oft neben den offiziellen drei Gewalten Legislative, Judikative und Exekutive als eine „vierte Gewalt" im Staat angesehen; auch der Journalist Heinrich Kramer spricht explizit davon: „‚Das Auge der vierten Gewalt schläft nie.'" (S. 16) Als „vierte Gewalt" beobachten die Medien, was in Politik und Gesellschaft geschieht, berichten darüber, kritisieren und tragen damit zur öffentlichen Diskussion bei, z. B. indem sie den Regierungsstil der Bundeskanzlerin

Funktion der Medien in Demokratien

kommentieren, den Umgang der Polizei mit gewalttätigen Personen aus dem links- oder rechtsextremen Spektrum untersuchen oder internationale Skandale wie bspw. Steuer- und Geldwäschedelikte von Prominenten u. a. aus der Politik aufdecken. Die öffentliche Aufmerksamkeit, welche die Medien erzeugen, wiederum hat Auswirkungen auf das, worüber berichtet worden ist: So kann es z. B. zu juristischen Konsequenzen kommen, wenn eine bisher verborgene Straftat durch die journalistische Arbeit ans Licht kommt.

Keine Gewaltenteilung Eine Gewaltenteilung, wie sie in Demokratien eine Begrenzung der Macht jeder einzelnen Gewalt und damit Gerechtigkeit gewährleisten soll, ist in der Welt des Romans nicht gegeben: So ist das von Kramer, also einem Angehörigen der Medien, entworfene System der „Methode" die Grundlage der staatlichen Ordnung. Kramers Einfluss ist durch seine Präsenz in verschiedenen Medien – zu nennen sind hier seine Beiträge in der Zeitung „Der Gesunde Menschenverstand" und seine Fernsehauftritte – und durch Multiplikatoren wie seinen Zögling Würmer mit der Talkshow „Was Alle Denken" umfassend: Er betreibt mithilfe von *fake news* und Kommentaren einerseits staatsfreundliche Propaganda im Sinne der „Methode", andererseits schadet er mithilfe seines medialen Einflusses Mia Holls Ruf auf raffinierte Weise, hetzt die Öffentlichkeit gegen sie auf, erklärt Mia zur Terroristin und treibt sie dadurch in die Fänge einer ungerechten Justiz. Während Sophie Kramer, der Einfluss auf die Verhandlung gegen Mia nehmen will, in seine Schranken weist (vgl. S. 166), sagt Kramer später in der Gerichtsverhandlung unter Hutschneider als Zeuge gegen Mia aus, berichtet also nicht nur in seiner Funktion als Journalist über den Prozess, sondern mischt sich aktiv in Belange der Judikative ein. Er lässt den Methodenschutz Beweismaterial manipulieren, das Mia eigentlich nicht begangener krimineller Handlungen überführt (u. a. Fund von Gifttuben).

Während der Verfassungsschutz der bundesdeutschen Demokratie über keine exekutiven Befugnisse verfügt, ist der Methodenschutz im Roman eher ein Geheimpolizeiapparat wie die Gestapo[1] der NS-Zeit, also auch exekutiv tätig, indem er z. B. Mia Holl festnimmt. Der Methodenschutz hat außerdem offenbar Richter Hutschneider das Urteil für Mia Holl vorgegeben, nimmt also auf die Judikative massiven Einfluss.

Methodenschutz als Geheimpolizei

Mächtigste Figur in dem Geflecht miteinander verwobener Gewalten ist Kramer und damit ein Vertreter der sogenannten „vierten Gewalt", der Medien. Auch die Begnadigung vor dem Einfrierungsscheintod am Ende ist wohl von ihm erwirkt worden.

Übermacht der Medien

Mia Holl hat keine Chance, sich erfolgreich gegen die Macht der Medien zu wehren bzw. die Medien erfolgreich für ihre Zwecke der Aufklärung über die Fehler des Systems zu nutzen, obwohl eine Vielzahl von Journalisten Interesse an ihrem Fall zeigt (vgl. S. 215); ihr Versuch, eine Gegendarstellung zu den *fake news* in Gestalt einer Misstrauenserklärung zu veröffentlichen und damit das System zu kritisieren (vgl. S. 186 f.), wird von Kramer pervertiert: Er nutzt die Erklärung zugunsten des Systems und gegen Mia selbst. Trotz dieser schlechten Erfahrungen will Mia nach ihrer Festnahme wegen des fingierten Giftfunds in ihrer Wohnung eine Gegendarstellung veröffentlichen (vgl. S. 229), doch Kramer verweigert ihr dies. Als Bürgerin hat sie also keinen Zugang zu den Medien und diese sind auch nicht an einer differenzierten Darstellung, an kritischen Positionen, am Diskutieren

Machtlosigkeit des Bürgers/ der Bürgerin

---

[1] Gestapo: Die Abkürzung steht für „Geheime Staatspolizei". Sie war von 1933 bis 1945 gleichzeitig Kriminalpolizeibehörde und politische Polizei unter der nationalsozialistischen Herrschaft. Mit ihrer Hilfe bekämpfte das NS-Regime seine Gegner. Die Gestapo bediente sich äußerst brutaler Ermittlungsmethoden (Folterungen) und gilt daher seit den Nürnberger Prozessen nach dem Ende der NS-Herrschaft als verbrecherische Organisation.

unterschiedlicher Meinungen und an der Wahrheit interessiert, wie es in einer demokratischen Gesellschaft ihre Aufgabe wäre. Mia erfährt außerdem, dass das Bild von ihr, das in der Öffentlichkeit v. a. durch die Medien entworfen wird, sich von ihrer eigentlichen Person abgespalten hat und sie dieses Bild auch nicht mehr beeinflussen kann (vgl. S. 197).

Gesundheit als Staatsziel und Durchsetzung durch Überwachung

Internalisierung der Kontrolle Wie in vielen negativen Utopien kann auch im Roman „Corpus Delicti" die herrschende politische Macht die Menschen mittels einer fast lückenlosen Überwachung kontrollieren und unterdrücken, der sich die meisten völlig klaglos unterwerfen, da sich ihnen das herrschende System als äußerst vorteilhaft präsentiert: Im Fall von „Corpus Delicti" heißt das, dass ihre Gesundheit und körperliche Unversehrtheit stets gewährleistet wird (es gibt noch nicht einmal mehr Erkältungen, vgl. S. 20), dass sie materiell gut versorgt sind (angenehme Wohnverhältnisse, Arbeitsplätze) und man einen passenden Partner vermittelt bekommt, wenn man dies wünscht. Diese Vorteile führen dazu, dass wie in vielen Dystopien auch hier die Kontrolle von den Menschen internalisiert, also verinnerlicht, wird: Sie halten sich aus eigenem Antrieb an die Regeln, ohne sie zu hinterfragen, sodass nur in Ausnahmefällen gewaltsamer Druck durch das System nötig ist. Die Verinnerlichung der Gesundheitsdiktatur zeigt sich u. a. im alltäglichen Sprachgebrauch: Man grüßt sich mit „Santé" (S. 15) oder flucht „Hol mich der Virus!" (S. 23).

Überwachung im Roman Alle Bürger und Bürgerinnen sind mit einem digitalen Chip im Oberarm versehen, mit dessen Hilfe sie nicht nur lokalisierbar sind, sondern auf dem auch alle vom System als relevant erachteten Daten über die jeweilige Person gespeichert werden und von den staatlichen Stellen ohne persönliche Einwilligung der Betroffenen jederzeit ausgelesen und eingesehen werden können, insbesondere vor Gericht. Es handelt sich dabei außer einem Foto des gesamten Körpers zu einem großen Teil um Angaben zu Gesundheitszustand und Fitness (vgl. S. 49), die vermutlich z. B. mit dem Hometrainer, aber auch den Messgeräten, die das Abwasser untersuchen, synchronisiert werden. Mia Holl entfernt sich nach ihrer Verhaftung den Chip (vgl. S. 248) und entzieht damit ihre Person zumindest symbolisch der „Methode", die ab diesem Zeitpunkt nur noch über ihren Chip, also den Datensatz ihres Körpers, verfügt. Darüber hinaus haben alle Bürger und Bürgerinnen regelmäßig Berichte über Schlafverhalten und Ernährung einzureichen, ihren Blutdruck zu messen und Blut- und Urintests durchzuführen (vgl. S. 18, 47).

Im vorliegenden Roman sind die Kontroll- und Überwachungsmaßnahmen dabei technologisch kaum eine Weiterentwicklung des *status quo* – vieles wäre genauso, wie es hier beschrieben wird, schon heute umsetzbar, da die einzelnen dafür nötigen Geräte und Technologien bereits existieren. Das erzeugt beim Lesen den Effekt, dass das dargestellte Szenario realitätsnah und damit umso erschreckender wirkt. Der Leser/die Leserin soll sich fragen, welche Manipulations- und Missbrauchsmöglichkeiten durch staatliche oder sonstige Mächte schon die heutigen Apparate und ihre Verwendungsweisen in Zeiten von *big data* eröffnen, ob nicht unser Umgang damit zu leichtfertig ist und wie Daten wirksam geschützt werden können. Hier soll exemplarisch auf drei aktuelle Beispiele eingegangen werden, die Bezüge zur Romanwelt zeigen:

> Manipulations- und Missbrauchsmöglichkeiten durch heutige Technologie

1. Im Roman „Corpus Delicti" werden medizinische Daten auf dem eingepflanzten Chip gesammelt. Wir können zur „Selbstoptimierung" Vergleichbares mithilfe von Fitnessarmbändern tun, z. B. Aktivität und Schlaf messen, speichern, online mit anderen Usern teilen und diese

Daten an eine Krankenkasse verkaufen, um eine Bei-
tragsermäßigung zu erhalten.[1] Was im Weiteren mit den
eigenen Daten geschieht (gelangen sie z. B. auf irgendwelche Weise auch an die Lebens- oder Rentenversiche-
rung?) und ob die Offenlegung langfristig schadet, ist
kaum zu überblicken. (Müssen in Zukunft z. B. ganz ge-
naue Sport-, Schlaf- und Ernährungsvorgaben eingehal-
ten werden, um ausreichenden Versicherungsschutz zu
bekommen? Wird also letztlich mein Verhalten von mei-
nem Fitnesstracker und denjenigen, die auf seine Daten
zugreifen können, bestimmt?)

2. Die Wohnungen und Häuser im Roman „Corpus Delicti"
sind hoch technisiert, z. B. wird das Abwasser automa-
tisch auf Schadstoffe oder andere Auffälligkeiten ge-
prüft (vgl. S. 35). Auch heute gibt es schon *smart homes*,
in denen Geräte vernetzt sind und ferngesteuert und
automatisiert betrieben werden, um für mehr Bequem-
lichkeit und Sicherheit zu sorgen (z. B. durch automati-
sches An- und Abschalten der Beleuchtung). Wie bei anderen digitalen Lösungen besteht auch hier die Gefahr,
dass sich Unbefugte durch Hacking Zugang zum System
und damit zur Privatsphäre des Individuums verschaffen können.

3. Wie u. a. die Güteverhandlungen auf S. 12 ff. zeigen, bewertet die „Methode" das Individuum auf der Grundlage
seiner medizinischen Daten: Betreibt es z. B. genug
Sport? Ernährt es sich gesund? Arbeitet es an einer „Idealbiographie" (S. 19)? usw. Das erinnert an das Rating-
system, das China gerade testet und das dort 2020
staatsweit eingeführt werden soll. Es handelt sich um
ein *social credit system* für die Staatsbürger und -bürge-

---

[1] Versicherer belohnt fittere Kunden (www.sueddeutsche.de/wirt
schaft/generali-deutschland-versicherer-belohnt-fittere-kunden-
1.3042343 (20.02.2019))

rinnen: Wer z. B. gesunde Babynahrung einkauft, regelmäßig die Website der parteinahen *„Volkszeitung"* anschaut, erhält Pluspunkte, wer sich dagegen in den sozialen Medien über Missstände ereifert, an der Supermarktkasse rüpelhaft benimmt oder Pornos ansieht, dem werden Punkte abgezogen. Je mehr Punkte man sammelt, desto besser stehen die Chancen auf einen günstigen Kredit, eine gute Krankenversicherung oder einen Studienplatz. Bei einem niedrigen Wert dagegen ist Jobverlust zu befürchten. Eine Smartphone-App informiert über den eigenen Punktestand, aber auch Behörden, Banken, Arbeitgeber, Vermieter, Einkaufsplattformen, Reiseveranstalter und Fluggesellschaften erhalten Einsicht.[1]

In den drei Beispielen gibt das Individuum mit seinen Daten Macht über sich selbst an andere weiter und schränkt damit seine Möglichkeiten, frei zu denken und zu handeln, ein – in den ersten beiden Fällen sogar freiwillig. Soll die Freiheit, soll die Privatsphäre erhalten bleiben, braucht es also einen zuverlässigen Datenschutz. Da individuelle Maßnahmen allein auf diesem Gebiet kaum wirksam sind, ist Datenschutz für Juli Zeh vor allem eine Aufgabe für den Gesetzgeber sowohl auf nationaler wie auch auf europäischer Ebene: Staaten müssen die Voraussetzungen schaffen, dass die Daten der Bürger und Bürgerinnen „unter die

Bedeutung des Datenschutzes

---

[1] www.zeit.de/digital/datenschutz/2017-11/china-social-credit-sys tem-buergerbewertung. Vgl. auch www.faz.net/aktuell/wirtschaft/ china-plant-mit-nationalem-punktesystem-die-totale-ueber wachung-15303648.html (beide 19.10.2018).
Das chinesische Modell hat im Grund Marc-Uwe Klings dystopische Satire „QualityLand" (2017) vorweggenommen (das Buch ist nach Start des chinesischen Testlaufs erschienen). In „QualityLand" wird das Individuum ständig z. B. hinsichtlich seines Marktwertes und seiner sexuellen Performance bewertet und auf dieser Grundlage einem bestimmten Level zugeteilt; je höher der Level, desto mehr Vorteile genießt man.

alleinige Verfügungsgewalt des Einzelnen" gestellt werden (Zeh 2015, S. 34). Solange die individuellen digitalen Daten nicht durch eine entsprechende Gesetzgebung vor Missbrauch und dem Zugriff Unbefugter geschützt sind, ist Manipulation Tür und Tor geöffnet. So malt sie im vorliegenden Roman drastisch aus, was geschieht, wenn eine ideologische Macht über alle Daten von Staatsbürgern und -bürgerinnen uneingeschränkt verfügt und dies zuungunsten des Wohls des Individuums ausnutzt.

Vermeintliche
Sicherheit

Auch der Frage nach den Gefahren der Überwachung geht Juli Zeh nicht nur hier im Roman, sondern immer wieder in öffentlichen Debatten, journalistischen Texten und Sachbüchern nach; hier ist insbesondere das gemeinsam mit Ilja Trojanow verfasste Buch „Angriff auf die Freiheit. Sicherheitswahn, Überwachungsstaat und der Abbau bürgerlicher Rechte" zu nennen. Sie betont darin, dass totale Sicherheit sowieso nicht möglich und daher nur ein Scheinargument sei, wenn Überwachungsmaßnahmen ausgeweitet werden sollen. In Wirklichkeit schränke Überwachung stets die individuelle Freiheit und damit den Wert des Lebens ein.

Gegenteiliger
Effekt
umfangreicher
Hygiene-
maßnahmen

Im Roman werden der umfassende Zugriff des Staates auf alle persönlichen Daten und die Überwachungs- und Kontrollmaßnahmen damit gerechtfertigt, dass nur so das oberste Ziel, nämlich die Gesundheit des Einzelnen, damit aber auch der ganzen Gesellschaft gewährleistet werden kann. Auch wird jemand, der krank gewesen ist, selbst nach seiner Heilung nicht als wirklich gesund angesehen; so sagt Kramer: „„Einmal krank, immer krank [...] Das prägt.'" (S. 124) In Wirklichkeit führen der Gesundheitswahn und die übertriebene Hygiene, die sich im Verbot jeglicher Genussgifte (z. B. von Tabak und alkohol- und koffeinhaltigen Getränken, S. 63, 171, 13, 30), in physiologisch perfekt abgestimmter Nahrung (vgl. S. 80), in ständigem Putzen, Messen des Bakteriengehalts, Desinfizieren, absoluter Keimfreiheit öffentlicher Gebäude genauso wie in künstlichen Blumen auf dem Balkon äußert (vgl. das Wächterhaus, S. 21, 136, 13, 105, 144), und das Schüren von Furcht gegenüber Schmutz als Quelle von gesundheitlichen Gefahren nicht nur zu dem von Moritz beklagten Verlust an Lebensfreude (vgl. u. a. S. 59 f.), sondern zu einer Zerstörung des Immunsystems des Individuums und damit zu einer Krankheitsanfälligkeit der gesamten Gesellschaft: „„Heutzutage hat niemand mehr ein intaktes Immunsystem. Wenn wir aufhören, gemeinsam an Sicherheit und Sauberkeit zu arbeiten, gibt es binnen weniger Wochen eine Epidemie."" (S. 233)

Darüber hinaus werden Gesundheit und Krankheit im System der „Methode" metaphorisch verwendet, indem Gesundheit mit Normalität und damit der Norm gleichgesetzt wird. D. h., wer von der Norm abweicht, sich nicht an all das hält, was die „Methode" von ihm erwartet, gilt als krank und damit als Außenseiter und Methodengegner (vgl. S. 145, S. 87). Am gefährlichsten für die Gesellschaft seien „infektiöse[...] Gedanken" (S. 200). Diese wolle die „METHODE als Immunsystem des Landes" (S. 201) vernichten; das Abweichen von der „Methode" wird damit lebensgefährlich.

Metaphorische Bedeutung von Gesundheit

Zur Sprache und Erzählweise des Romans „Corpus Delicti"

Bereits der Titel verweist auf einen juristischen Kontext. Mit „Corpus Delicti" wird üblicherweise ein Beweisstück bezeichnet, mit dem jemand einer Straftat überführt werden kann. Aber auch in der Alltagssprache wird der Begriff mit einer ähnlichen Bedeutung („Gegenstand, der etwas beweist"), aber oft humoristisch verwendet.

Juristische Terminologie und deren Pervertierung

Da ein Großteil der Handlung vom juristischen Prozedere im Fall Mia bzw. Moritz Holl bestimmt ist, werden neben der Alltagssprache viele Begriffe aus der Rechtsprechung verwendet. Dadurch, dass diese aber nicht im Sinne der Gerechtigkeit, sondern als Stütze eines ungerechten Systems funktioniert, werden die Justiz und damit auch ihr Wortgebrauch im Grunde pervertiert: So z. B. „teilen sich das öffentliche und das private Interesse einen Tisch", „[u]m die allgemeine Übereinstimmung zu unterstreichen" (S. 13), d. h., öffentliches und privates Interesse werden im Gegensatz zu den gegenwärtigen Gepflogenheiten in der Welt des Romans nicht voneinander abgegrenzt. Dies entspricht der Gleichsetzung von persönlichem und allgemeinem Wohl und damit letztlich der Entwertung individueller Interessen (vgl. S. 87, 161). Ein weiteres deutliches Beispiel für die Pervertierung der Justiz und damit ihres Sprachgebrauchs liegt am Ende des Romans vor: Als Hutschneider in seiner Funktion als Richter Recht sprechen soll, verliest er lediglich einen offenbar vom Methodenschutz verfassten Text als „Urteil" (vgl. S. 258).

Gegenüberstellung „hygienischer" und „unhygienischer" Räume

So wie im Roman zwei verschiedene Sprachebenen vorliegen, lassen sich auch räumlich zwei große Bereiche einander gegenüberstellen: die für die Bevölkerung vorgesehenen überwachten, hygienischen Areale mit ihren Messstationen, künstlichen Blumen, desinfizierten Wächterhäusern usw. und das verbotene, da naturbelassene, also als unhygienisch geltende „Sperrgebiet" mit der „Kathedrale". Letzteres ist der einzige wirkliche Frei-Raum, der echten Zugang zu Naturerfahrung und damit persönliche Entfaltung ermöglicht, zumindest bis die Staatsmacht auch hier ihren Einfluss zeigt, als sie erst Moritz, dann Mia Holl dort festnehmen lässt.

Zwei miteinander verbundene Handlungsstränge

Außerdem zeigt der Roman zwei Handlungsstränge: Die Moritz-Handlung, in der dargestellt wird, wie sich das Verhältnis von Mia zu ihrem Bruder entwickelt hat und wie es zu seinem Suizid gekommen ist. Dieser Strang wird verwoben mit der Mia-Handlung, denn Moritz' Schicksal ist letztlich der Grund für Mias persönliche Krise und ihren Konflikt mit der „Methode". Während die Mia-Handlung im Präsens erzählt wird, spielt die Moritz-Handlung in der Vergangenheit, sodass sie im Präteritum dargeboten wird. Die Anzahl der Rückblenden nimmt im Lauf der Handlung ab, da nach den abschließenden Enthüllungen von Rosentreter hinsichtlich Moritz' Fall der Fokus nur noch auf Mia liegt. Die Handlung wird in der dritten Person und überwiegend auktorial erzählt. Es gibt eine allwissende Erzählerfigur, die häufig aus der Perspektive der Figuren erzählt, aber dennoch eine gewisse Distanz wahrt. Dadurch haben die Leser und Leserinnen an den Gedanken und Gefühlen der Romanfiguren teil, eine totale Identifikation wird durch die Perspektivenwechsel und Erzählerkommentare jedoch erschwert.

Überwiegend auktorialer Erzähler

Wirkung und Rezeption[1]

„Corpus Delicti" stößt auf ein geteiltes Echo. So stört z. B. den Deutschlehrer Dautel am Inhalt „[d]as durch und durch Konstruierte, gewollt Thesenhafte" und die mangelnde Subtilität des Romans; ähnlich argumentiert auch der Literaturwissenschaftler Krumbholz, der dem Roman Epigonentum, also bloßes Nachahmen berühmter Vorbilder, vorwirft. Kulturredakteur Höbel wiederum sieht u. a. Schwächen im Sprachlichen: Laut ihm „gerät Juli Zeh manchmal ins Schlingern, wenn sie lyrische Pirouetten dreht".

Iwanowitsch, ebenfalls Lehrer, räumt in Bezug auf Juli Zehs Werk generell ein: „Perfekt ist Zehs Prosa nicht"; er lobt aber ihre „Freude am Fabulieren", „Ironie, Witz und Klugheit [...], einen überzeugenden *plot*, Freude am Spiel mit der Sprache" und dass es sich bei ihren Werken um „[a]uf

Geteiltes Echo

---

[1] Die genauen Quellenangaben zu den zitierten Texten finden sich im Literaturverzeichnis, S. 137.

ganz zeitgemäße ideologieferne, der aufklärerischen Vernunft und der Freiheit verpflichtete" engagierte Literatur handle (Iwanowitsch, S. 2). Literaturwissenschaftlerin Finger hebt in Bezug auf „Corpus Delicti" ebenfalls hervor, dass Zeh „die großen Themen der letzten 200 Jahre: Freiheit und Gerechtigkeit, Kultur und Natur, Wahrheit und Propaganda" behandle. Die Rezensentin spricht von einer „scharfsinnigen Zukunftsvision"; in ihr „wirft Juli Zeh stillschweigend die Frage auf, wie ein gelingender Staat aussehen könnte". Finger lobt außerdem „den knappen Erzählstil, indem Zeh die kursierenden Perfektionsfantasien ohne viel Aufwand an Kulisse ins Extrem treibt".

Politikwissenschaftler Schölderle vergleicht „Corpus Delicti" mit Eggers' „The Circle": „Das Bedrohungsszenario einer vollständigen Überwachungsgesellschaft ist jenem von Eggers nicht ganz unähnlich. Während Eggers' Roman literarisch aber nur bedingt überzeugen kann, ist Zehs dystopischer Entwurf in dieser Hinsicht einer der gelungensten seiner Gattung überhaupt" (Schölderle, S. 160).

Ansprechen aktueller Themen

Wie die hohen Verkaufszahlen von „Corpus Delicti" und die oben angeführte Auswahl weiterer dystopischer Werke, die zum Teil recht ähnliche Schreckensszenarien entwerfen wie Zeh, zeigen, kommt der Roman dem Zeitgeist entgegen: Welche Rollen Datenschutz und Überwachung, Gesundheit und Selbstoptimierung in einer Gesellschaft spielen sollten, ist Gegenstand vieler öffentlicher wie privater Diskussionen. Es besteht offensichtlich ein großes allgemeines Interesse, sich mit den Auswirkungen dieser aktuellen Fragen auf das Schicksal des Individuums zu befassen. Zehs Roman scheint außerdem auch Nachfolgewerke zu beeinflussen: So dürfte es kein Zufall sein, dass Eggers' Hauptfigur Mae Holland einen Namen trägt, der an Mia Holl erinnert.

Der Roman „Corpus Delicti" in der Schule

Der Blick auf die Figuren: Die Personencharakterisierung

Eine literarische Figur charakterisieren – Tipps und Techniken

Um ein literarisches Werk zu verstehen, ist es wichtig, sich mit den darin agierenden Figuren, insbesondere den Hauptfiguren, gründlich auseinanderzusetzen. Dabei geht es nicht nur um meist leicht herauszufindende Informationen wie körperliche Eigenschaften (z. B. biologisches Geschlecht, Alter, Größe, Aussehen, Fitness), weitere äußere Eigenschaften (z. B. Frisur, Kleidung), Familienstand, Beruf u. Ä., sondern insbesondere um das Innenleben: Wie wirken sich familiärer, sozialer, beruflicher Hintergrund auf die Figur aus? Welche Rollen erfüllt sie, welchen evtl. Rollenkonflikten hat sie sich zu stellen? Was sind ihre geistigen und charakterlichen Merkmale, z. B. wie klug, wie mutig, wie offen, wie gewissenhaft, wie gesellig, wie kooperativ, wie psychisch stabil ist sie? Welche privaten, beruflichen, gesellschaftlichen, politischen Werte, Motive und Ziele hat sie? Gibt es eine Entwicklung, welche die Figur im Lauf der Handlung durchläuft, was ist der Auslöser dafür und wie sieht der Entwicklungsprozess aus? usw. Selbstverständlich lassen sich nicht alle diese Fragen bei jeder Figur unbedingt beantworten.

Von Interesse ist ebenfalls, ob die Figur einen sprechenden Namen trägt; hierbei wird schon vorab ein *frame*, d. h. ein Deutungsrahmen abgesteckt, sodass gewisse vom Autor/ von der Autorin beabsichtigte Erwartungen und Assoziationen, die der Namen weckt, von den Lesern und Leserinnen an die Figur herangetragen werden.

Die für die Personencharakterisierung nötigen Hinweise können verschiedenen direkten und indirekten Quellen innerhalb eines literarischen Textes entnommen werden:

a) der Beschreibung der zu charakterisierenden Figur durch einen allwissenden Erzähler,
b) Selbstaussagen der zu charakterisierenden Figur, z. B. in wörtlicher Rede oder Gedankenrede (hier geht es nicht nur um inhaltliche Aspekte, sondern auch darum, wie sich die Figur sprachlich darstellt: Ist sie z. B. eloquent? Spricht sie Dialekt? Teilt sie sich unmissverständlich mit? Verwendet sie bestimmte Wörter besonders häufig? Verhaspelt sie sich bei Nervosität? etc.),
c) Aussagen anderer Figuren über die zu charakterisierende Figur,
d) Handlungen der zu charakterisierenden Figur oder
e) dem Verhalten anderer Figuren gegenüber der zu charakterisierenden Figur.

Bei der Untersuchung muss man sich bewusst sein, dass alle fünf Varianten auf jeweils unterschiedliche Art Gefahren bergen können für die Schlussfolgerungen, die man aus ihnen zieht. Nicht immer kann man sich darauf verlassen, dass das stimmt, was man der jeweiligen Äußerung oder Handlung unmittelbar entnimmt. So ist zu berücksichtigen,

a) ob es sich um einen zuverlässigen Erzähler handelt, der eine Figur beschreibt,
b) ob die zu charakterisierende Figur sich selbst wahrheitsgemäß präsentiert (wenn nicht: täuscht sie vielleicht nicht nur den Leser/die Leserin, sondern auch sich selbst?),
c) ob die anderen Figuren ein bestimmtes Interesse haben könnten, die zu charakterisierende Figur in falschem Licht erscheinen zu lassen, und daher falsche Aussagen treffen,

d) dass Handlungen der zu charakterisierenden Figur möglicherweise mehrere Interpretationen zulassen, wenn sie nicht durch anderweitige Hinweise eindeutig gemacht werden, und

e) dass das Verhalten anderer Figuren nur gespielt bzw. geheuchelt sein kann (z. B. Vortäuschen einer Geste des Respekts gegenüber der zu charakterisierenden Figur als Hinweis auf mangelndes Ansehen dieser Figur).

Aus den Einschränkungen, welche die fünf Varianten mit sich bringen, ergibt sich die Notwendigkeit, auf möglichst zahlreiche zurückzugreifen und sie zur gegenseitigen Bestätigung bzw. zur Widerlegung einer Annahme zu nutzen. So gelangt man zu einer haltbaren Charakterisierung einer Figur in vielen Wesenszügen bzw. deckt Widersprüche in der zu charakterisierenden Figur auf (z. B. das Auseinanderklaffen von Selbst- und Fremdbild). Ziel ist es, ein möglichst differenziertes Bild der Figur zu entwerfen und sie damit in all ihrer Komplexität zu durchdringen. In diesem Zusammenhang ist auch auf die Funktion einzugehen, welche die Figur in der Handlung des Romans einnimmt. Die aus den Beobachtungen gewonnenen abstrahierten Erkenntnisse sind jeweils am Text mit Zitaten zu belegen. Die Personencharakterisierung wird im Präsens verfasst (bei Vorzeitigkeit: Perfekt).

Mia Holl – die Hauptfigur des Romans

Die Hauptfigur Mia Holl ist 34 Jahre alt (vgl. S. 85) und – wie es typisch für die Bürger der Gesundheitsdiktatur ist – sieht alterslos aus und ist körperlich anfangs so fit, wie es der Staat von ihr erwartet, selbst als sie bereits begonnen hat, ihre gesundheitlichen Pflichten zu vernachlässigen (vgl. S. 17 f.). Bis zu Moritz' Verhaftung und Tod ist sie ihren staatsbürgerlichen Pflichten zuverlässig nachgekommen und hat sie auch nicht infrage gestellt, so wie ihr Bruder das

1. Personalien, äußeres Erscheinungsbild und sozialer Status

getan hat. Beruflich konzentriert sich Mia auf ihre wissenschaftliche Karriere in der Biologie, wo sie sich im Moment mit der Erforschung von Mikroben beschäftigt (vgl. S. 62). Sie hat daher nicht nur offiziell einen untadeligen Ruf – vor Gericht wird sie als „[e]rfolgreiche Biologin mit Idealbiographie" (S. 19) bezeichnet –, sondern genießt auch Ansehen in der Nachbarschaft. Durch ihren einwandfreien Ruf und ihren beruflichen Erfolg kann sie sich auch als Alleinstehende eine komfortable Penthauswohnung leisten (vgl. S. 23).

2. Charaktereigenschaften und Verhalten

Die Hauptfigur ist – passend zu ihrem Beruf als Naturwissenschaftlerin – ein sehr rational agierender Mensch, für die Geist und Gehirn entscheidend sind. So ist sie trotz ihrer guten Gesundheit und Fitness ihrem Körper entfremdet

Entfremdung vom Körper

und betrachtet ihn lediglich als nützliche Maschine, die von ihrem Gehirn gesteuert wird (vgl. S. 79). Im Angesicht der Folter, der sie ausgerechnet von einer Diktatur, der die körperliche Gesundheit und Fitness als oberster Wert gilt, unterworfen wird, wird ihr jedoch bewusst, dass Körper und Geist durchaus zusammenhängen: „„Auch mein Gehirn gehört zum Körper."" (S. 237)

Introvertiertheit

Mia lebt zurückgezogen, wie es ihrem introvertierten Naturell entspricht. Außer ihr zu Beginn der Handlung bereits verstorbener Bruder Moritz spielen weitere Familienmitglieder bzw. Verwandte keine Rolle, weder ein Freundeskreis noch eine Liebesbeziehung o. Ä. wird erwähnt. Durch ihre Partner- und Kinderlosigkeit entspricht sie offenbar nicht ganz den Konventionen (vgl. S. 19, 178). Losen Kontakt hat Mia gezwungenermaßen zu ihren drei neugierigen Nachbarinnen in dem Wächterhaus, in dem ihre Wohnung ist. Erst durch den Justizskandal und seine Folgen überwindet sie ihr zurückgezogenes Leben, wendet sich sogar über die Medien (vgl. S. 186 f.) und im Prozess an die Öffentlichkeit (vgl. S. 258) und wird zu einer Heldin für andere Gegner der „Methode" (vgl. S. 196).

Als Naturwissenschaftlerin kommt Mia die „Methode", die sich ja auf absolute Rationalität beruft, entgegen. Mia steht anfangs wie die Mehrheit der Bevölkerung hinter den Grundsätzen und Verhaltensregeln der „Methode", wie sie sie insbesondere in den Medien präsentiert bekommt, hinterfragt sie nicht, sondern verteidigt sie, während Moritz ihr stets die Sinnlosigkeit und Lächerlichkeit der systembegründenden Ideologie vor Augen zu führen versucht (vgl. S. 61 – 63); Mia liebt ihren Bruder, kann aber seine Gedankengänge lange nicht nachvollziehen: „,Wahrscheinlich werde ich nie kapieren, was du vom Leben willst."' (S. 62) Sie lehnt die Ansichten und den nicht methodenkonformen Lebenswandel ihres Bruders ab; sie will ihn z. B. vom Betreten des im Verständnis der „Methode" unhygienischen Sperrgebiets abhalten (vgl. S. 60). Zu seinen Lebzeiten gelingt es ihm lediglich, leise Zweifel in Mia zu säen, sodass sogar sie sich bisweilen nicht an die Verhaltensregeln der „Methode" hält und beispielsweise ihre Füße in den Fluss hängt (vgl. S. 147) und seine Gewohnheit des Rauchens weiterhin zwar ablehnt, ihn aber nicht daran hindert (vgl. S. 149). Dennoch steht sie immer noch prinzipiell hinter der „Methode" (vgl. S. 148).

Haltung zur „Methode": Anfangs Unterstützung

Erst nach Moritz' Tod begreift sie allmählich die Ungerechtigkeit und Unmenschlichkeit des Systems. Das liegt einerseits daran, dass sie die Umstände von Moritz' Tod erfährt, andererseits daran, dass sie am eigenen Leib zu spüren bekommt, wie es Menschen ergeht, die z. B. wegen einer Lebenskrise von den offiziellen Regeln abweichen. Sie entwickelt sich nun tatsächlich zur Gegnerin der „Methode", was diese ihr ja schon zu einem Zeitpunkt vorgeworfen hat, als sie die „Methode" noch nicht in so kritischem Licht betrachtet hat. Nachdem sie sich vorher nur der Vernunft verpflichtet hat, entdeckt sie nun andere, emotionale Seiten an sich („,Ich kann jetzt mit dem Herzen denken"', S. 183) und verschreibt sich der Freiheit (vgl. S. 184). Mithilfe der

Zunehmende Zweifel an der „Methode"

idealen Geliebten, die von ihr ein klares Bekenntnis zu Moritz und damit einen eindeutigen Standpunkt gegen die „Methode" fordert (vgl. S. 143 f.), entwickelt sich Mia zur Kritikerin der „Methode", die ihren Standpunkt vor Gericht vorbringen (vgl. S. 158 ff.) und veröffentlichen will (vgl. S. 186 f.); die „Methode" wiederum sieht Mia als Gefahr für das System an und behandelt sie daher als Terroristin und Staatsfeindin, obwohl sie sich vom Terror der R.A.K. distanziert (vgl. S. 196). Mia will die methodenkritisch eingestellten Gruppen der Bevölkerung, die auf ihrer Seite stehen, mobilisieren (vgl. S. 229) und zeigt sich in der Krise als standfest, unbestechlich und streitbar: Als Kramer, dessen Gefährlichkeit sie lang nicht erkennt (vgl. S. 86), ihr „umfangreiche Privilegien" (S. 231) für ein falsches Geständnis verspricht, lehnt sie dieses Angebot, das in einer Strafmilderung besteht, kategorisch ab, denn sie will Moritz nicht „verraten" (S. 234) und ihre Würde behalten (vgl. S. 232). Auch die angedrohte Folter nimmt sie in Kauf (vgl. S. 235). Sie gibt Kramer die Schuld an ihrem Leid (vgl. S. 246) und betrachtet sich nach Entfernung ihres Chips als frei (vgl. S. 248). Unmittelbar vor Ende ihres nicht den üblichen juristischen Regeln entsprechenden Prozesses wendet sich Mia ein letztes Mal an die Allgemeinheit und fordert diese zur Entscheidung zwischen den in ihren Augen einzigen möglichen Alternativen auf, nämlich zwischen gewaltsamem Widerstand gegen das System oder weiterer Akzeptanz der „Methode": „Tötet oder schweigt. Alles andere ist Theater." (S. 258) Als sie am Ende bei der Urteilsvollstreckung von ihrer Begnadigung erfährt, ist sie entsetzt (vgl. S. 264): Sie ist nun nicht Opfer des Systems wie Moritz, sondern wird diesem auf perfide Weise einverleibt, indem sie mittels umfassender Gehirnwäsche zur perfekten Methodenanhängerin umerzogen wird. Damit verrät sie ungewollt Moritz und verliert darüber hinaus ihre Würde und ihre neu gewonnene Freiheit – genau dies wollte sie um jeden Preis verhindern.

Mia hat gern kontrovers mit ihrem Bruder über alle erdenkliche, auch komplexe, insbesondere philosophische Themen, z. B. über Sinnfragen im Allgemeinen und die „Methode" im Besonderen, diskutiert (vgl. S. 92–96). Ihr Bruder macht sich dabei lustig darüber, dass sie mit dem Wortschatz des Systems (z. B. „Sicherheitsfundament") auch dessen „Spießerparole[n]" übernimmt (S. 93). Über die Liebschaften Moritz' und seine sexuellen Erlebnisse will sie allerdings nicht mit ihm sprechen (vgl. S. 61). Das verleiht ihr eine prüde Anmutung und erweckt den Eindruck, dass ihr sexuelle Regungen fremd sind, und unterstreicht noch einmal, dass sie körperliche Bedürfnisse weitgehend ignoriert.

3. Kommunikation

Interesse an Diskussionen

Als Naturwissenschaftlerin denkt Mia Holl sehr vernunftorientiert, drückt sich daher überwiegend sachlich aus und versucht meist, mit ihren Gesprächspartnern so rational wie möglich zu diskutieren. So rechtfertigt sie sich sogar in ihrer Krise sehr klar und vernünftig vor Richterin Sophie: „Ich bitte Sie aufrichtig, meine Verfassung nicht mit Querulantentum zu verwechseln. Ich bin nicht ganz bei mir. Vielleicht rede ich wirr. Aber ich bin keine Anti-Methodistin."' (S. 59) Auch ihrem Anwalt Rosentreter gegenüber äußert sie sich völlig rational und pragmatisch, als dieser ihr seine persönliche Situation aus einem romantisch gefärbten Blickwinkel schildert (vgl. S. 112 f.).

Rationales Argumentieren

Als ihre Zweifel am System wachsen, geht sie jedoch ein Stück weit von diesem Weg ab. So veröffentlicht sie eine Proklamation, die durchweg in anaphorischen „Ich"-Sätzen formuliert ist, also ganz radikal ihre subjektive Erfahrungen und Einsichten wiedergibt (vgl. S. 186 f.), und sagt in diesem Zusammenhang selbst, sie habe „das Rationalisieren aufgegeben" (S. 183). Das zeigt sich auch in ihrem

Zunehmende Subjektivität und Emotionalität

höchst emotional wirkenden Aufruf an das Publikum vor Gericht (vgl. S. 258).

Mutige Wortmeldungen In den meisten Situationen ist Mia in der Lage, sich Gehör zu verschaffen, und spricht mutig auch Missliebiges aus, von dem sie weiß, dass sie damit anecken wird (vgl. z. B. ihr Misstrauensmanifest, S. 186 f.). Obwohl ihr klar ist, dass Kramer sie bekämpft, lässt sie sich immer wieder auf Diskussionen und Wortgefechte mit ihm ein und versucht, diese auch zu kontrollieren, was ihr das trügerische Gefühl gibt, sie hätte die Situation bzw. Kramer im Griff. So will sie statt mithilfe von Rosentreter vor Gericht ihre Ziele mittels der Medien durchsetzen, indem Kramer ihr die Veröffentlichung ihres Manifests ermöglicht. So, wie sie annimmt, ihn im Gespräch steuern zu können („Ich stelle die Fragen'", S. 178), glaubt sie fälschlicherweise auch, ihr weiteres Schicksal, das in Kramers Hand liegt, bestimmen zu können. Dieses Selbstbewusstsein zeigt sich bis zuletzt: Selbst nach ihrer Folterung gibt sie ihrem Gegenspieler Kramer Widerworte und ist nicht um Antworten, ja nicht einmal um Provokationen verlegen. Auf seine Frage, wie es ihr gehe, antwortet die malträtierte Mia ironisch: „Hervorragend. In einer Minute werde ich kräftig genug sein, um Ihnen den Schädel einzuschlagen.'" (S. 242)

Sprachlosigkeit Die Sprache verschlägt es Mia jedoch in den Augenblicken, in denen sie merkt, dass jemand sie besser kennt als sie sich selbst, nämlich beispielsweise als die ideale Geliebte ihr vorhält, sie beziehe nicht klar Stellung: „Darauf erwidert Mia nichts." (S. 144) Noch eklatanter ist das völlige Verstummen am Ende, als deutlich wird, dass sie ihrem Schicksal nicht entgehen kann und dem System ausgeliefert ist: „Mia bleibt allein zurück. Sie schüttelt mit dem Kopf." (S. 264) Mia hat keine Worte mehr nach ihrem letzten geschrienen „Nein!" (S. 264), sie kann nur noch durch die Kopfbewegung ausdrücken, dass sie nicht einverstanden ist.

Mia ist am Anfang ein geachtetes, erfolgreiches Mitglied der Gesellschaft, das jedoch unauffällig und zurückgezogen lebt. Durch das Unrecht, das ihrem Bruder angetan wird, und dessen Folgen wird sie von der rein rational denkenden Methodenunterstützerin im Lauf der Handlung zu einer zunehmend auch emotional agierenden Methodenkritikerin, die sich entgegen ihrem Naturell an die Öffentlichkeit wendet. Ihre Versuche, ihr Schicksal zum Guten zu wenden, sind jedoch vergeblich; sie wird zum politischen Opfer eines Systems, dessen sie sich auf keine Weise erwehren kann, sodass ihr Kampf, den sie mit den Mitteln der Sprache führt, zum Scheitern und sie damit zum Schweigen verurteilt ist. Die Diktatur, die sich die Gesundheit als Staatsziel gesetzt hat, setzt im Lauf der Handlung nicht nur Mias Körper schwer zu, sondern schickt sich an, am Ende auch ihren Geist zu brechen.

4. Zusammenfassende Bewertung

Entwicklung Mias zur Methodengegnerin

Moritz Holl – verstorbener Bruder der Hauptfigur

Von Moritz Holl, der zu Beginn der Handlung bereits verstorben ist, erfährt man in erster Linie aus den Kapiteln, die Rückblenden bilden und relativ kurz bzw. unmittelbar vor und nach seiner Festnahme spielen. Moritz ist jünger als seine Schwester Mia (27 Jahre) (vgl. S. 33) und scheint auch fit und gesund zu sein, ohne sich an die offiziellen Vorgaben zu halten (vgl. S. 90 f.).

1. Personalien

Moritz hat eine völlig andere Lebenseinstellung als Mia anfangs, d. h., er weicht von der Ideologie der „Methode" vollkommen ab: Für ihn sind persönliche Freiheit und Entfaltung entscheidend (vgl. S. 92).

2. Charaktereigenschaften und Verhalten

Freigeist

Erklärt werden Moritz' vom dominierenden Geist diametral abweichende Vorstellungen und Verhaltensweisen durch Kindheitserfahrungen: Als Sechsjähriger litt Mias Bruder unter Leukämie (vgl. S. 164). Er ist dank des medizinischen

Fortschritts, den die „Methode" gewährleistet, durch eine Stammzellspende geheilt worden. Aber die Erfahrung von Hinfälligkeit und Krankheit hat ihn nachhaltig geprägt: Sie hat seine Liebe zu allem Lebendigen verstärkt, da sich für ihn der Wert des Lebens gerade aus seiner Vergänglichkeit und dem Risiko, es zu verlieren, ergibt (vgl. S. 123, 94 f.).

Ausleben von Lebenshunger

Seinen Freiheitsdrang, seine Sinnlichkeit und seinen Lebenshunger lebt Moritz aus im Aufenthalt in der ungezähmten Natur jenseits der desinfizierten Bereiche, wo er z. B. gern raucht, angelt und sich mit philosophischen Fragen beschäftigt, sowie in sexueller Promiskuität, wozu er die Zentrale Partnervermittlung zweckentfremdet, die eigentlich Beziehungen zum Zweck der Zeugung gesunden Nachwuchses anbahnen soll (vgl. S. 60 f.). Er sehnt sich nach einer äußerlich nicht perfekten, aber dadurch lebenswerteren und freie Entfaltung ermöglichenden Welt, wie es sie vor der Zeit der „Methode" gegeben hat (vgl. S. 62 f.).

Methodenfeind

Als Freigeist lehnt Moritz die Ideologie der „Methode" vollkommen ab und weist Mias Argumente für das herrschende System vehement zurück (vgl. S. 92 ff.). Seine Verachtung für den Zwang zur Gesundheit und die Furcht vor dem Tod, welche die „Methode" forciert, gipfelt in dem Motto „Das Leben […] ist ein Angebot, das man auch ablehnen kann" (S. 46), in dem er die absolute Selbstbestimmung des Menschen über sein Leben betont. Moritz lässt sich durch die Allgegenwart und Übermacht des Systems nicht einschüchtern und hält die Diskussion mit seiner anfangs absolut methodenkonformen Schwester hartnäckig aufrecht. Darin zeigt sich einerseits, wie sehr er Mia schätzt, aber auch dass er davon ausgeht, sie doch noch von seiner Haltung überzeugen zu können, was ihm bis zu seiner Verhaftung immerhin in Ansätzen gelingt (vgl. S. 147 ff.). Aber er trägt auch dafür Sorge, seine Überzeugungsarbeit nach seinem Tod aufrechtzuerhalten, indem er Mia die ideale Geliebte anvertraut.

Moritz' abweichendes Verhalten ist dem Methodenschutz aufgefallen, der ihn unter Beobachtung gestellt hat (vgl. S. 73). Er wird offenbar für so gefährlich gehalten, dass er aus dem Verkehr gezogen werden soll. Zu diesem Zweck stellt ihm der Methodenschutz eine Falle (vgl. S. 211): Moritz wird von der Zentralen Partnervermittlung Sibylle Meiler als Partnerin vorgeschlagen, mit der sich Moritz auch verabredet. Am vereinbarten Treffpunkt findet er sein Date aber tot vor. Da seine DNA an der Leiche festgestellt wird, wird Moritz der Vergewaltigung und des Mordes an der Frau angeklagt (vgl. S. 33 ff.). Moritz beteuert stets seine Unschuld und begeht schließlich mithilfe einer Angelschnur, die ihm Mia im Untersuchungsgefängnis zukommen lässt, Suizid (vgl. S. 31, 46), d. h., er entscheidet seinem Motto entsprechend bis zum Schluss selbstständig über sein Leben. Im Rahmen von Mia Holls Verhandlung kann Rosentreter nachweisen, dass der DNA-Nachweis kein Beweis dafür ist, dass Moritz Sibylle Meiler ermordet hat. Denn Moritz hat die gleiche DNS wie sein Stammzellspender Walter Hannemann, der damit als mutmaßlicher Vergewaltiger und Mörder gilt (vgl. S. 167; Kramer behauptet später von Hannemann, dieser habe sich ebenfalls selbst getötet, vermutlich ist aber auch dies vom Methodenschutz inszeniert worden, vgl. S. 209). Die Tatsache, dass Moritz Opfer eines Justizskandals geworden ist, öffnet Mia endgültig die Augen hinsichtlich der Abgründe des herrschenden Systems.

Opfer eines Justizskandals

Der Austausch im Gespräch ist für Moritz eine besonders geschätzte Beschäftigung. An seinem Lieblingsort, der „Kathedrale", wird „gebetet [...]", d. h. „reden, schweigen und angeln" (S. 60). Dass das Reden an erster Stelle genannt wird, hebt die Bedeutung des kommunikativen Austauschs noch einmal besonders hervor. Mit seiner Schwester will er sich über alles unterhalten, sei es eher Banales wie seine sexuellen Abenteuer (vgl. S. 61) oder Tiefgründiges wie seine Ansichten über den Tod (vgl. S. 148).

3. Kommunikation

Hochschätzung des Gesprächs

Stilisierung, Humor, Emotionalität

Seine Äußerungen sind außerdem immer wieder von Humor geprägt (vgl. S. 62). Wenn er von seiner persönlichen Utopie einer lebenswerten Welt schwärmt, er also seine Emotionen zum Ausdruck bringt, zeigen seine Äußerungen eine stilisierte Sprache, z. B. die Verwendung von Parallelismen, Anaphern und Personifikationen in: „„Wo die Häuser Frisuren tragen aus rostigen Antennen. Wo Eulen in geborstenen Dachstühlen wohnen."" (S. 62) Moritz' Neigung zu Humor und Stilisierung geht selbst aus seinen sehr kritischen Bemerkungen hervor: „„Das Nicht-Verlassen des Hygienegebiets wird [...] als Idiotie ersten Grades mit äußerer Versteinerung und innerer Totalverblödung bestraft."" (S. 90) Dieser sprachspielerische Zugang verleiht seiner Kritik am System Leichtigkeit. Von seiner Meinung ist Moritz völlig überzeugt und bringt sie daher immer besonders eindringlich und mit Begeisterung vor: „seine Stimme glich der eines vortragenden Lyrikers" (S. 92). Hier wird deutlich auf die poetischen Qualitäten seiner Äußerungen verwiesen, die sich anschließen. An dieser Stelle und in seinen weiteren längeren Beiträgen zur Diskussion mit Mia ist der Gebrauch von Stilmitteln auffällig, z. B. von Ellipsen wie „„Der Mensch muss sein Dasein erfahren. Im Schmerz. Im Rausch. Im Scheitern. Im Höhenflug"" (S. 92) oder von rhetorischen Fragen wie „„Was soll denn das Ziel dieser Sicherheit sein? Ein Dahinvegetieren im Zeichen einer falsch verstandenen Normalität?"" (S. 93) Moritz, der sonst nie auf den Mund gefallen ist, hat jedoch Schwierigkeiten, nachdem er die tote Sibylle gefunden hat, das Geschehene in Worte zu fassen (vgl. S. 130), ehe er die Beherrschung wieder gewinnt und sich ausführlicher äußern kann.

4. Zusammenfassende Bewertung

Im Gegensatz zu Mia ist Moritz wegen seiner großen Liebe zu Freiheit und Leben von Anfang an durch und durch Methodengegner und will auch seine Schwester von seiner Meinung überzeugen, wird aber durch seine Haltung Opfer des Systems. Seine Emotionalität und sein damit verbundenes Vergnügen am spielerischen Umgang mit Sprache bilden einen Kontrast zur Rationalität seiner Schwester. Doch auch über seinen Tod hinaus bleibt Moritz über sein Vermächtnis, die ideale Geliebte, im Austausch mit Mia und beeinflusst ihre Entwicklung.

Heinrich Kramer – Mia Holls Gegenspieler

Heinrich Kramer ist ein Journalist, der mit seinem Werk „Gesundheit als Prinzip staatlicher Legitimation" die Grundlage für die Ideologie der „Methode" geschaffen (vgl. S. 7 f., 87) und ausführlich über den Fall Moritz Holl berichtet hat (vgl. S. 35). Er ist sehr prominent, wie die Reaktionen von Mias Nachbarinnen auf ihn zeigen (vgl. S. 23 f.), und „bewegt sich mit der Selbstverständlichkeit eines Mannes, der überall Zutritt hat" (S. 15). Nicht nur in seiner Funktion als Journalist durch die Veröffentlichung von Artikeln im „Gesunden Menschenverstand" (vgl. S. 138 ff.) und zahlreiche Fernsehauftritte, z. B. in der Talkshow „Was Alle Denken" (vgl. S. 29, 83 ff., 199 ff.), hat er eine äußerst einflussreiche Position im Staat inne. Er hat überdies das Konzept des Wächterhauses mitentworfen (vgl. S. 23) und arbeitet eng mit dem Methodenschutz zusammen. So veranlasst er beispielsweise, dass Mia Holl falsches Beweismaterial in Gestalt vergifteter Nahrungsmitteltuben untergeschoben wird (vgl. S. 211 f., 223). Auch mischt er sich aktiv in den Prozess gegen Mia ein und sagt gegen sie als Zeuge aus (vgl. S. 254).

1. Personalien, äußeres Erscheinungsbild und sozialer Status

Mia gegenüber gibt sich Kramer teilweise charmant, jovial und bereit, mit ihr über das Wesen der „Methode" zu diskutieren (vgl. S. 30). Er beharrt jedoch auf deren absoluter Richtigkeit und will Mia darin bestärken, weiterhin an der „Methode" festzuhalten (vgl. S. 36 ff.). Moritz' Schicksal stellt er verharmlosend als Kollateralschaden dar, der die „Methode" nicht grundsätzlich widerlege (vgl. S. 40).

2. Charaktereigenschaften und Verhalten

Unterstützung der „Methode"

Vordergründige Verbindlichkeit

Wegen seiner vordergründigen Verbindlichkeit weiß Mia nicht so recht, was sie von Kramer halten soll, und fühlt sich ihm in einer Art Hassliebe verbunden: „Mias Verhältnis zu Kramer ist ambivalent" (S. 126, vgl. S. 254); dies spiegelt in gewisser Weise ihre zeitweilig ebenfalls ambivalente Haltung zur „Methode" selbst. Sie ist beeindruckt von seinem formvollendeten Benehmen (vgl. S. 126) und der Sicherheit, mit der er offensichtlich Falsches behauptet, sodass ihr klar wird, dass er im Grunde ein Nihilist sein muss (vgl. S. 127, 178, 181).

Skrupellosigkeit

Dass Kramer als prominenter Journalist persönlichen Kontakt mit Mia aufnimmt, erscheint ihr verdächtig (vgl. S. 41) – zu Recht, denn es stellt sich heraus, dass er Moritz' Schicksal und Mias Leid für seine Zwecke zur Unterstützung des Systems ausschlachten will; er versucht, sie auszuhorchen, und untersucht heimlich private Gegenstände und verwendet die daraus gewonnenen Informationen gegen sie, zum Teil, indem er sie verdreht (vgl. S. 42, 120, 123, 125, 205 ff.). Diese Skrupellosigkeit ist typisch für Kramer: Er ist zu allem bereit, wenn es darum geht, die „Methode" zu propagieren und damit seine eigene Machtposition zu erhalten bzw. weiter auszubauen. Er manipuliert einzelne Personen, nutzt z. B. seinen missliebig gewordenen Zögling Würmer schamlos aus, indem er ihn als falschen Kronzeugen gegen Mia instrumentalisiert (vgl. S. 179, 217 ff.). Des Weiteren betrachtet er sich als Ermittler für die „Methode", er agiert also ganz explizit nicht unabhängig im Kontext der Gerichtsverhandlung (vgl. S. 122). Sein Auftreten flößt unsicheren Methodenkritikern wie dem Anwalt Rosentreter Furcht ein (vgl. S. 117, 119).

Unsicherheit

Kramer ist dennoch nicht durchweg so selbstbewusst, wie der erste Eindruck annehmen lässt (vgl. S. 31). Was am Anfang kurz angedeutet wird („Nur wer Heinrich Kramer besser kennt, weiß, dass er unruhige Finger hat, deren Zittern er gern verbirgt", S. 15), wird erst gegen Ende hier und da deutlich, nämlich, dass auch Heinrich Kramer schwache Punkte hat: So scheut er sich, Mias Folterung beizuwohnen (vgl. S. 236), wie er es auch nicht mitansehen kann, als sich seine Gegnerin den Chip herausoperiert (vgl. S. 246), sodass hier eine gewisse Wehleidigkeit oder Empfindlichkeit zutage tritt. Er hat sogar ein gewisses Unterlegenheitsgefühl Mia gegenüber (vgl. S. 248). In seinen Grundfesten erschüttert erscheint er, als Rosentreter die Wahrheit über Moritz Holls Fall enthüllt (vgl. S. 166).

Obwohl er den ihren entgegengesetzte Ziele anstrebt und daher ihr Feind ist, übt Kramer eine große Faszination auf Mia aus. Er präsentiert sich so geschickt, dass sie offensichtlich glaubt, ihn ihm einen ebenbürtigen Gegner zu haben, den sie für ihre eigenen Zwecke einsetzen kann, z. B. durch die Veröffentlichung von Stellungnahmen (vgl. S. 185, 229), und somit die „Methode" mithilfe ihres mächtigsten Befürworters bekämpfen zu können. Aber sie unterschätzt seine Gerissenheit, da er auch in diesen Situationen nur seine eigene Agenda verfolgt. So verlangt er von ihr, ein von ihm entworfenes falsches Geständnis zu unterschreiben (vgl. S. 208), versucht, sie damit zu erpressen (vgl. S. 231), und droht ihr mit Folter (vgl. S. 234 f.). Er ist sich seiner Macht völlig bewusst und zeigt sich auch von Mias gewaltsamen Ausbrüchen unbeeindruckt (vgl. S. 230, 245).

Kramer wirkt lediglich wie ein Dogmatiker, aber in Wirklichkeit ist ihm durchaus bewusst, dass auch in einem als perfekt angesehenen System nicht alle Probleme widerspruchsfrei gelöst werden können. So kommt Mia mit der Zeit zu dem Schluss, dass Kramer in Wirklichkeit die „Methode" gar nicht als bestes System ansieht und unterstützt: „,Sie haben erkannt, dass Sie zu klug sind, um letztverbindliche Urteile zu fällen. Aber wer nicht urteilt, kann nicht herrschen. Deshalb haben Sie Ihren Stolz sowie Ihre Eigenliebe fest an das Bestehen der METHODE geknüpft."" (S. 184) Kramer wird also durch die „Methode" Macht und

Ziele: Macht und Selbsterhalt

Selbsterhalt gewährt und er setzt sich daher so fanatisch für das System ein, obwohl er selbst zugibt, dass sich dieses als „fehlbar" (S. 232) erwiesen hat und ihn Moritz Holls Fall zum Nachdenken gebracht hat (vgl. S. 238). Später gibt er zu, dass Mia ihn durchschaut hat, schreibt sich aber trotz seiner Intrigen durchaus „Ehrgefühl" (S. 212) zu.

3. Kommunikation

Als offenbar einflussreichste Person in den Medien lenkt Kramer die ganze Öffentlichkeit nach seinem Willen durch seinen Einfluss über Zeitungsartikel und Fernsehauftritte, wo er die herrschende Ideologie unkritisch als unfehlbar und auf einfache Formeln reduziert präsentiert, z. B.: „„Wer die Methode bekämpft, ist ein Reaktionär.'" (S. 89, vgl. S. 83 ff., 138 ff., 199 ff.) Da in den Medien keine abweichenden Meinungen veröffentlicht werden, ist Kramer außerordentlich mächtig. Als skrupelloser Journalist ist er normalerweise sehr eloquent und manipulativ, was er auch in seinen zahlreichen Gesprächen mit Mia zeigt, insbesondere als er ein falsches Geständnis von ihr erhalten will (vgl. S. 205 – 213). Nur ein einziges Mal, nämlich nach Rosentreters Enthüllung, verfällt er in für ihn untypisches Schweigen (vgl. S. 166, 168, 171). Bezeichnend ist außerdem, dass er im Roman das letzte – ironische – Wort behält: „„Leben Sie wohl, Frau Holl'" (S. 264).

4. Zusammenfassende Bewertung

Kramer versucht auf jede erdenkliche Art und Weise, Mia und ihre Methodenkritik zu bekämpfen. Als einflussreichem Journalisten stehen ihm dazu viele Möglichkeiten zur Verfügung, die er auch nutzt, selbst wenn er weit über die Befugnisse seiner Zunft hinausgeht und er sich der Manipulation und Gewalt bedient. Letztlich geht es ihm gar nicht um die „Methode" selbst, sondern darum, Macht auszuüben, und dies gelingt ihm auch. Da es am Ende offenbar er zu sein scheint, der die perfide „Begnadigung" für Mia Holl erreicht hat, geht Kramer oberflächlich betrachtet als Sieger aus dem Kampf hervor (vgl. S. 263 f.); Mia kann jedoch den moralischen Sieg davontragen.

Nebenfiguren

„Die ideale Geliebte" – imaginäre Freundin Mias

Die ideale Geliebte ist keine gewöhnliche Figur: Sie ist eine von Mia Holl nur vorgestellte Gefährtin. Ihr Bruder Moritz Holl hat sie ihr als sein Vermächtnis überlassen, nachdem sie in der Haft seine von ihm selbst erfundene Freundin gewesen ist, um die Einsamkeit zu ertragen: „Die ideale Geliebte wird dich zu mir zurückführen." (S. 45) Mia ist zwar befremdet von der Idee einer imaginären Freundin, weil sie Fantastischem gegenüber skeptisch ist, lässt sich aber dann widerwillig auf das Vorhaben ein: „Okay […] Ich nehme dein weibliches Hirngespinst mit, verdammt noch mal." (S. 46) Moritz dagegen ist überzeugt von seiner Idee und er soll recht behalten. Die ideale Geliebte wird zu Mias einziger Ansprechpartnerin und Vertrauten: Sie klagt ihr ihr Leid und führt Diskussionen mit ihr über Moritz, Kramer und die „Methode" und bekommt Zuwendung von ihr (vgl. z. B. S. 37 ff., 28). Dabei vertritt die ideale Geliebte Moritz' Standpunkt, sodass also seine Überzeugungsarbeit nach seinem Tod von ihr weitergeführt wird. Für andere ist die Geliebte nicht wahrnehmbar (vgl. S. 31, 108), sodass es den Anschein macht, als führe Mia Selbstgespräche (vgl. S. 39, 110). Als die ideale Geliebte Mia schließlich dazu gebracht hat, Moritz' Überzeugung anzunehmen, verabschiedet sie sich und verschwindet (vgl. S. 189 f.).

Würmer

Bei Würmer[1] handelt es sich um einen jungen Nachwuchsjournalisten, den der doppelt so alte Kramer als seinen

---

[1] Der Name erinnert an den ebenfalls sehr ehrgeizigen Sekretär Wurm aus Schillers „Kabale und Liebe". Der Plural Würmer wirkt dabei wie eine Steigerung. Während Wurm jedoch aus eigenem Antrieb intrigiert, wird Würmer zur Intrige gezwungen.

Schüler betrachtet (vgl. S. 83, 179), den man aber eher als seine Marionette einstufen muss. Kramer hat Würmer gefördert, der ihn wiederum sehr bewundert, wie man aus Würmers Verhalten schließen kann, als er seinen Mentor in seiner eigenen neuen Talkshow „Was Alle Denken" zu Gast hat (vgl. S. 83 ff.). Als Würmer es wagt, im Zuge des Justizskandals Fehler im System anzudeuten, die Modifikationen erforderten (vgl. S. 179, 196), sorgt Kramer ganz offensichtlich dafür, dass Würmer nicht mehr auf dem Bildschirm erscheint; Kramer tritt in der nächsten Folge von „Was Alle Denken" allein auf und schwört die Zuschauer und Zuschauerinnen noch einmal auf die „Methode" ein, aber auch auf den Kampf gegen methodenfeindliche Einstellungen. Schließlich wird Würmer gegen seinen Willen als falscher Kronzeuge gegen Mia benutzt; er scheint dabei eine auswendig gelernte Zeugenaussage abzulegen und wirkt zutiefst verstört, ist also wohl massiv unter Druck gesetzt worden (vgl. S. 217 ff.). Mia kommentiert in diesem Zusammenhang den sprechenden Namen des Journalisten und spricht von einem „Nest aus Würmern" (S. 219).

Sophie

Sophie (von grch.-lat. *sophia* „Weisheit")[1] ist eine kompetente junge Richterin, die hinter der „Methode" steht und in ihrem Beruf aufgeht, sich an die juristischen Spielregeln hält, aber gleichzeitig Augenmaß walten lässt (vgl. S. 12 ff., 51, 162 f.). Sie versucht stets, menschlich zu handeln und denjenigen, die sich ein Delikt haben zuschulden kommen lassen, Verständnis entgegenzubringen (vgl. S. 51 ff., 57 ff.). Wenn diese allerdings wie Mia Holl nicht auf ihr Entgegenkommen eingehen, hat sie Schwierigkeiten, weiterhin wohlwollend zu sein (vgl. S. 67, 98 f.). Gegen die Versuche

---

[1] Auch in Juli Zehs Werk „Spieltrieb" gibt es eine Richterin namens Sophie, genauer gesagt: die „kalte Sophie".

des Staatsanwalts Bell, ihre Autorität zu untergraben, kann sie sich erfolgreich behaupten (vgl. S. 68 f., 101, 103 f., 160). Insgesamt erscheint Sophie als das menschenfreundliche Gesicht der Justiz im System der „Methode". Da sie den Anwalt Rosentreter den Justizskandal Moritz Holl betreffend aufdecken lässt, muss sie Mias Prozess jedoch offiziell wegen Befangenheit an Richter Hutschneider abgeben und wird zwangsversetzt in die Provinz (vgl. S. 161 f., 214).

Bell

Bell ist ein arroganter, ehemaliger Kommilitone der Richterin Sophie und als Staatsanwalt mit ihr in Gerichtsverhandlungen tätig; schon im Studium hat Sophie ihn als pedantischen, engstirnigen Menschen und übertriebenen Methodenunterstützer kennengelernt (vgl. S. 12 f.). Im beruflichen Alltag versucht der besserwisserische Bell, Sophie durch seine vermeintlich größere Kompetenz zu provozieren und zu sabotieren, was diese sich aber nicht gefallen lässt (vgl. S. 68 f., 101, 103 f., 160). In seinem Hochmut zeigt er auch an Mia Holls Ansichten keinerlei Interesse (vgl. S. 159).

Hutschneider

Der 60-jährige Hutschneider ist ein Richter, der anfangs als stellvertretender Vorsitzender in der Verhandlung gegen Mia Holl fungiert, wo er Mias Aussagen sofort methodenfeindlich auslegt (vgl. S. 159 f.), aber dann den Prozess von seiner Kollegin Sophie am Schwurgericht übernehmen muss. Er zeigt deutlich weniger Empathie als Sophie (vgl. S. 215 f.). Da sich Hutschneider kurz vor seinem Ruhestand befindet und eigentlich nur sein Familienleben genießen will, hat er keinen Ehrgeiz, einen schwierigen Fall wie den Mias zu übernehmen, der zudem Unannehmlichkeiten wie Medienrummel und ständige Bewachung mit sich bringt (vgl. S. 214 f.). Hutschneider, der kein Interesse an anspruchsvoller Arbeit und intellektueller Herausforderung hat, hat Angst vor Mia Holl, die er – ganz entsprechend der offiziellen Sichtweise – bereits vor Abschluss der Verhandlung als Terroristin einstuft. Daher vertraut er ganz auf den Methodenschutz und agiert als deren Marionette: Bei der Gegenüberstellung von Mia Holl mit dem Journalisten Würmer, dem angeblichen „Niemand", schöpft Hutschneider keinerlei Verdacht, obwohl augenfällig ist, dass hier Manipulation vorliegt (vgl. S. 215 ff.). Auch mit dem weiteren, nicht regelgemäßen Verfahren und v. a. der Tatsache, dass er ein ihm diktiertes Urteil verkündet, scheint Hutschneider ebenfalls keine Gewissensprobleme zu haben.

Rosentreter

Mangel an Professionalität

Dr. Lutz Rosentreter wirkt von Anfang an nicht souverän (vgl. S. 13 ff., 72), sondern nur wie „ein netter Junge" (S. 70). Er wird Mia als Pflichtverteidiger zugeteilt (vgl. S. 69). Rosentreter zeigt sich unsicher und unprofessionell und ist sowohl im Umgang mit Mia (vgl. S. 71 ff.) als auch juristisch ungeschickt: Sowohl das Anfechten der zwanzig Tagessätze als auch der Härtefallantrag führen zu einer Verschlimmerung von Mias Lage (vgl. S. 74, 99 ff.), was sie ihm auch vorwirft (vgl. S. 106 f.).

Kampf gegen „Methode" aus persönlichen Gründen

Das beeindruckt ihn aber nicht, er überschätzt sich und ist sich seiner Strategie sicher, weil es ihm weniger um Mias Belange als darum geht, die „Methode" grundsätzlich zu hinterfragen (vgl. S. 107 ff.). Auf vehementes Nachfragen Mias erklärt er ihr, dass er verbotenerweise eine Beziehung mit einer Frau habe, die immunologisch nicht mit ihm kompatibel sei, und er wolle nicht, dass dies länger ein Kapitalverbrechen sei „auf einer Stufe mit dem vorsätzlichen Verbreiten von Seuchen" (S. 113). Rosentreter, der Mia für eine „verbitterte, einsame Rationalistin" (S. 114) hält, ist bereit, sich für sie einzusetzen nicht wegen ihres Falls an sich, sondern um die „Methode" zu Fall zu bringen (vgl. S. 115). Rosentreter fürchtet Kramer und dass dieser ihn als Methodengegner entlarven könnte (vgl. S. 16, 117) und wird daher in seiner Gegenwart sehr nervös (vgl. S. 119), auch wenn er das zu überspielen versucht, als er Kramer davon abhalten will, Mia über ihren Bruder Moritz auszufragen (vgl. S. 120 f.). Bereits zu diesem Zeitpunkt wird klar, dass Rosentreter auch der Fall Moritz Holl interessiert, da er sich bereits mit den Akten dazu beschäftigt hat (vgl. S. 121).

Als Mia erwähnt, dass Moritz unter Leukämie gelitten habe und geheilt worden sei, keimt in ihrem Verteidiger die Idee, der Therapie von Moritz' Krankheit nachzugehen (vgl. S. 125). Seine Recherchen münden in einen großen Coup vor Gericht, in dem es ihm gelingt, nachzuweisen, dass die Beweislage keineswegs eindeutig auf Moritz Holl als Vergewaltiger und Mörder von Sibylle Meiler deutet, sondern auf Moritz' Knochenmarkspender (vgl. S. 161 ff.). Für den unauffälligen, sonst so ungeschickten Rosentreter ist dieser Auftritt, der tumultartige Szenen im Gericht auslöst, Kramer vorübergehend in stumme Verzweiflung stürzt und für großes Medienecho sorgt, seine Glanzstunde, die er mit Mia gebührend feiern will; er sieht sich nun als „versierte[n] Künstler" (S. 172) und nimmt in seiner Begeisterung über seinen Erfolg gar nicht wahr, dass Mia sich nicht mit ihm darüber freuen kann (vgl. S. 171 ff.).

Als sie ankündigt, mit Kramers Hilfe für ihre Belange zu kämpfen (vgl. S. 175), und ihn gewaltsam zurückweist, indem sie ihn fortschickt und ihm Champagner über das Hemd schüttet, wird deutlich, dass ihn die Zusammenarbeit mit seiner Mandantin überfordert (vgl. S. 176). Auch als Rosentreter die inhaftierte Mia besucht, wirkt er schwach und unsicher trotz seiner juristischen Anstrengungen in ihrer Sache (vgl. S. 196). Während Mia irrtümlich glaubt, es mit Kramer aufnehmen zu können, ist sich Rosentreter dessen Gefährlichkeit völlig bewusst und warnt

Marginalien:

Aufdecken des Justizskandals

Warnung vor Kramer

sie daher vor ihm, zumal er die Situation nun nicht mehr überblicken könne (vgl. S. 197). Er zeigt sich schuldbewusst, als Mia ihm vorwirft, dass er sie ausnutze: „„Die Schwächen meines Charakters stehen außer Frage.'" (S. 197)

Hass gegen Mia

Trotzdem verspricht er ihr, für ihre Freilassung zu sorgen, während Mia andererseits weiterhin nicht wirklich auf ihn vertraut (vgl. S. 198) – zu Recht, wie sich bald herausstellt: Rosentreter versucht, sich vergeblich zuversichtlich zu geben, während er mittlerweile Hass gegen Mia hegt; er gibt seiner Mandantin die Schuld für den schlechten Verlauf ihrer Sache, da sie eigenmächtig gehandelt und auf Kramer gesetzt habe, sodass er sich nun außerstande sehe, ihr noch zu helfen, und sich vollkommen überfordert fühle (vgl. S. 220 ff.). Mia bietet ihm zwar an, das Mandat niederzulegen, doch er entscheidet sich dagegen, obwohl es ihm entgegenkäme (vgl. S. 225). Rosentreter wirkt oft naiv, aber er hat durchschaut, dass die „Methode" seiner Mandantin durch die gesammelten Daten willkürlich alles nachweisen kann, was sie will, sodass Mia keine Chance hat (vgl. S. 225 f.).

Sinnlosigkeit seiner Mission

Für ihn ist sein Kampf vergeblich geworden, da sich seine Geliebte von ihm getrennt hat, ironischerweise, weil er sich durch Mias Prozess für die Anerkennung ihrer Beziehung engagiert – Rosentreters Freundin sieht die individuellen Interessen gegenüber dem Staatsziel als nachgeordnet an und betrachtet Mia als Terroristin (vgl. S. 226 f.). Trotzdem kommt der verzweifelte Verteidiger Mias Bitte nach einer langen Nadel nach; ob er deren Zweck (Suizid) ahnt, wird nicht angedeutet (vgl. S. 228).

Verrat an Mia

Rosentreters schwache Persönlichkeit tritt bei der abschließenden Verhandlung im Fall Mia Holls endgültig zutage. Er ist sich zwar bewusst, dass er falsch handelt, und bittet Mia daher vorab um Verzeihung (vgl. S. 250), verrät sie dann aber, indem er sich aus Angst um sich selbst aus der Verteidigung zurückzieht: „„Hohes Gericht [...] aufgrund der erdrückenden Beweislage verzichtet die Verteidigung auf einen Gegenantrag."" (S. 253) Seine weiteren Ausführungen liest er (wie später Richter Hutschneider bei der Urteilsverkündung) von einem offenbar vom Methodenschutz vorbereiteten Blatt „wie ein Schüler" ab: „„Niemand muss sich durch die Verteidigung eines Gefährders zum Methodenfeind machen. Dem Gefährder bleibt die Möglichkeit, sich selbst zu verteidigen. Es lebe die METHODE. Santé."" (S. 253) Der „nette Junge" Rosentreter lässt sich also vom Methodenschutz benutzen, sobald sein privater Grund wegfällt, gegen die „Methode" zu kämpfen, und offenbart damit seine ganze Schwäche.

Nachbarinnen: Driss, Lizzie, die Pollsche

Mia Holls drei Nachbarinnen Driss, Lizzie und Frau Poll, genannt „die Pollsche", treten meist in der Gruppe auf, da sie gemeinsam für die Sauberkeit und Hygiene im Wächterhaus, in dem sie alle leben, zuständig sind (vgl. S. 21). Sie sind stolz auf die errungene Auszeichnung der Plakette des Wächterhauses (vgl. S. 22, 78, 136), sind naive, unkritische Anhängerinnen der „Methode", die den prominenten Kramer verehren (vgl. S. 23) und ihm gegenüber ihre Überlegungen ausplaudern („Wir glauben [...] dass Frau Holl einen Partner sucht"", S. 24), sodass Kramer weiß, dass er auf ihre Kooperation zählen kann: „„Sie haben mir sehr geholfen."" (S. 24) Driss, die jünger als die anderen beiden Nachbarinnen wirkt, ist zwar genauso unkritisch gegenüber der „Methode" wie ihre Nachbarinnen, unterscheidet sich jedoch insofern von Lizzie und der Pollschen, als sie von klein auf eine große Bewunderin Mias gewesen ist (vgl. S. 23, 64); sie träumt davon, dass Mia Holl und Heinrich Kramer ein Paar werden (vgl. S. 64 f.). Dennoch ist sie es, die, indem sie einen Feueralarm auslöst, Mias Nikotinmissbrauch meldet (vgl. S. 65), was juristische Folgen für Mia hat. Danach will Driss sich bei Mia entschuldigen, Lizzie gibt sich hilfsbereit und die Pollsche weist den Denunziationsverdacht zurück, obwohl diesen niemand offen geäußert hat (vgl. S. 77). Gerade Letzteres macht sie erst recht als Denunziantin verdächtig. Die Nachbarinnen werden von Mia jedoch so brüsk und tätlich zurückgewiesen, dass Mia klar ist, dass sie sich rächen werden (vgl. S. 78). Als Lizzie und die Pollsche Mia zur Rede stellen, weil durch ihre Vorstrafe der Erhalt des Wächterhausstatus gefährdet ist, und ihr darum nahelegen, auszuziehen, versucht sich Driss, die Mia nach wie vor bewundert, von ihnen zu distanzieren; Mia reagiert wiederum aggressiv (vgl. S. 135 ff.). Der Justizskandal um ihren Bruder Moritz verunsichert Lizzie und die Pollsche, während sich Driss in ihrem Glauben an Mia bestätigt sieht (vgl. S. 169). Wiederum versucht sie, Mia um Verzeihung zu bitten, die abermals streitsüchtig und abweisend auftritt (vgl. S. 170). Driss mischt sich vergeblich ein, als der Methodenschutz Mia abführt, und will sogar gewaltsam ihre Verhaftung verhindert (vgl. S. 193 f.). Als Mia Gift untergeschoben wird, bezeugen Lizzie und die Pollsche den Fund (vgl. S. 224) – Driss scheint sich also dem Druck entzogen zu haben. In der abschließenden Verhandlung sollen aber alle drei Nachbarinnen gegen Mia aussagen. Richter Hutschneider gibt ihnen dabei vor, was sie zu bezeugen haben, doch ihre Zeugenaussage wird durch Driss' Ruf unterbrochen: „„Die Mia ist eine Märtyrerin!'" (S. 256) Während Lizzie und die Pollsche Driss zum Schweigen bringen wollen, lässt sich diese nicht stoppen: „„Die Mia ist ein guter Terrorist!'" (S. 256) Driss wird daraufhin abgeführt. Während die beiden Nachbarinnen ihre Methodenkonformität beibehalten haben, ist Driss durch ihre Verehrung Mias selbst zur Kritikerin des Systems und damit in dessen Augen zur Gefährderin geworden.

Der Blick auf den Text: Die Analyse eines Erzähltextes

Einen Erzähltextauszug analysieren – Tipps und Techniken

Bei der Analyse eines Erzähltextes geht es darum, ihn auf verschiedenen Ebenen zu durchdringen anhand folgender Leitfragen:

- Bei Romanausschnitten: Wie ist der Erzähltext in den Kontext des gesamten Romans einzuordnen? Was geht voraus, was folgt? Welche Konsequenzen ergeben sich für den weiteren Fortgang der Handlung?
- Was geschieht inhaltlich? Welche Sinnabschnitte sind festzulegen? Um den nötigen Abstraktionsgrad und eine Strukturierung zu erreichen und eine bloße Nacherzählung zu vermeiden, ist es hilfreich, den mit Zeilenangaben versehenen Abschnitten im Entwurf des Aufsatzes Überschriften zu geben und dabei den gedanklichen Aufbau zu berücksichtigen (z. B. die Entwicklung eines Konflikts). Vorsicht: Die Inhaltsangabe ist im Präsens (bei Vorzeitigkeit: Perfekt), in eigenen Worten und ohne wörtliche Zitate aus dem Text zu verfassen! Auch auf Besonderheiten des Aufbaus ist hier einzugehen.
- Wie ist der Text sprachlich-stilistisch gestaltet?
  - Liegen Auffälligkeiten beim Satzbau vor, z. B. werden bevorzugt Parataxen oder Hypotaxen verwendet, dominieren Frage- oder Ausrufesätze statt Aussagesätzen?
  - Was fällt bei der Wortwahl auf, gibt es z. B. bestimmte Schlüsselwörter, Wortfelder oder Wortarten, die häufig vorkommen?
  - Welche rhetorischen Mittel werden eingesetzt?

Es geht bei der Betrachtung der sprachlich-stilistischen Gestaltung nicht um eine bloße Aufzählung des Vorgefundenen in Form von korrekten Zitaten, sondern es muss stets auf die Funktion der jeweiligen Auffälligkeit eingegangen werden: Welche Wirkung wird durch das eingesetzte Mittel erzielt? Werden die Mittel gezielt bestimmten Figuren zugeordnet? usw. Dabei ist sinnvoll, danach Ausschau zu halten, ob nicht mehrere Beobachtungen gebündelt werden können, da sie eine ähnliche oder sogar die gleiche Funktion erfüllen.

- Wie ist der Text erzählerisch gestaltet? Hier stellt sich die Frage nach
  - Erzählform (Ich-Form, Er/Sie-Form, sehr selten Du-Form), Erzählperspektive (Innen- oder Außensicht), Erzählverhalten (neutral, personal, auktorial),
  - Erzählerbericht (Beschreibung, Bericht, szenische Darstellung, Gedankenrede, Kommentar) und Figurenrede (direkte Rede, indirekte Rede, innerer Monolog, erlebte Rede, *stream of consciousness*),
  - Raumgestaltung (Handlungsort, symbolische Orte, kontrastierende Räume, Ortswechsel usw.),
  - Zeitgestaltung (Zusammenhang zwischen erzählter Zeit und Erzählzeit: Zeitdeckung, -dehnung oder -raffung, lineare oder nicht lineare Reihenfolge),
  - Figurengestaltung (Typ, Charakter, statisch, dynamisch, Merkmale der Figur selbst und ihr Verhältnis zu den anderen Figuren),
  - Handlung (Haupt-/Nebenhandlung, äußere/innere Handlung, Spannungsaufbau) und Motiven (z. B. ein bestimmtes Leitmotiv),
  - evtl. Analyse des Gesprächsverlaufs.

  Auch hier reicht das bloße Zitieren nicht; es ist auf die jeweilige Funktion einzugehen.

- Wie ist der Erzähltext zu interpretieren? Unter Umständen wird in der Aufgabenstellung eine Leitfrage für die

Interpretation vorgegeben; dann ist dieser Untersuchungsschwerpunkt zu berücksichtigen. Davon abgesehen geht es hier darum, die Analyseergebnisse aus den vorausgehenden Schritten zusammenzufassen und in einen größeren Zusammenhang einzuordnen, evtl. Bezüge zur Epoche, in welcher der Text entstanden ist, zur Gattung, welcher er zuzuordnen ist, zu anderen Texten, die sich mit dem gleichen Thema beschäftigen, oder zur Wirklichkeit herzustellen, sofern ein derartiger Bezug nicht im Schlussteil der Analyse vollzogen wird.

In einer linearen Textanalyse wird der Text in der Reihenfolge seiner Abschnitte analysiert mithilfe der genannten Leitfragen; abgezielt wird auf eine möglichst erschöpfende Abhandlung des gesamten Erzähltextes, wobei zugunsten des großen Spektrums an angesprochenen Untersuchungsaspekten die einzelnen Aspekte eher knapp behandelt werden. Dagegen geht es bei der aspektgeleiteten Textanalyse darum, sich mit einem meist in der Fragestellung vorgegebenen eingegrenzten Untersuchungsaspekt intensiv auseinanderzusetzen und den Text auf diesen Aspekt hin anhand der Leitfragen umfassend von verschiedenen Seiten zu beleuchten. Dadurch werden andere Aspekte höchstens gestreift, sodass sich eine größere Fokussierung um den Preis des Weglassens ergibt.

Beispiel für eine lineare Textanalyse

Aufgabe: Analysieren Sie das Kapitel „Mitten am Tag, in der Mitte des Jahrhunderts" (S. 11 – 19) nach inhaltlichen, sprachlich-stilistischen und erzähltechnischen Kriterien.

Einleitung, Benennung des übergeordneten Themas und Überleitung zur Aufgabenstellung

Soll die abgasfreie Wind- und Solarenergie mehr gefördert werden? Ist es sinnvoll, die Rauchverbote auszuweiten? Sollte man eine generelle Impfpflicht befürworten? Viele

Menschen diskutieren darüber, wie wir in Zukunft gesünder leben können und was wir heute bereits dafür tun können. So positiv dieses Ziel ist – damit verbunden ist auch die Frage, welche Nachteile wir für den Zugewinn an Gesundheit in Kauf nehmen sollten. Juli Zeh geht in ihrem 2009 erschienenen Roman „Corpus Delicti" diesem Problem nach. Im Folgenden soll das Kapitel „Mitten am Tag, in der Mitte des Jahrhunderts" nach inhaltlichen, sprachlich-stilistischen und erzähltechnischen Kriterien analysiert werden.

Einordnung des Kapitels in den Romanzusammenhang

Das Kapitel ist das dritte im Roman, wobei es das erste ist, in dem tatsächlich erzählt wird: Das allererste Kapitel besteht aus einem langen Zitat aus dem Grundlagenwerk der Ideologie der „Methode", welche die Basis des politischen Systems der Romanwelt bildet, das zweite wiederum ist ein Auszug aus dem Gerichtsurteil, das am Ende des Romans an die Hauptfigur Mia Holl ergehen wird und daher eine Vorausschau bildet. Daher bildet das dritte Kapitel eine Exposition, welche die Leser und Leserinnen nun erzählend in die Handlung des Romans einführt und die zu erwartenden Konflikte andeutet.

Inhaltlicher Aufbau: Inhalt des ersten Sinnabschnitts

Im ersten Abschnitt (S. 11, Z. 1 – S. 12, Z. 14) wird der Handlungsort genau beschrieben. Der Erzähler beschreibt die Romanwelt erst aus der Ferne großräumig als eine stark urbanisierte, säkulare, von Umweltschutz und Wohlstand geprägte und zoomt sich dann heran bis in einen perfekt klimatisierten Gerichtssaal.

Inhalt des zweiten Sinnabschnitts

Im nächsten Abschnitt (S. 12, Z. 14 – S. 13, Z.14) werden Richterin Sophie und Staatsanwalt Bell eingeführt, die im weiteren Verlauf der Romanhandlung mit Mia Holls Fall betraut sein werden. Bei der Richterin handelt es sich um eine offensichtlich korrekt handelnde Person, die sich mit dem besserwisserischen Staatsanwalt nicht besonders gut versteht. Dieser, der Vertreter des öffentlichen Interesses, teilt sich einen Tisch mit dem Vertreter des privaten Interesses.

Im Anschluss (S. 13, Z. 15 – S. 15, Z. 9) geht es um zwei Güteverhandlungen: Richterin Sophie erarbeitet ein Urteil in der Verhandlung mit Staatsanwalt Bell und Rosentreter, dem Vertreter des privaten Interesses. Im ersten Fall wird ohne große Diskussionen beschlossen, dass ein junger Mann wegen eines Verstoßes gegen das Koffeinverbot schriftlich verwarnt werden soll, im zweiten Fall geht es um einen mehrfach vorbestraften Mann mittleren Alters, der seine kleine Tochter nicht zu den vorgeschriebenen Vorsorgeuntersuchungen gebracht hat und hat verwahrlosen lassen.

Inhalt des dritten Sinnabschnitts

Während der Verhandlung des Falles von Kindesvernachlässigung betritt mit dem Journalisten Heinrich Kramer eine der Hauptfiguren den Gerichtssaal (S. 15, Z. 9 – S. 17, Z. 19). Kramers Auftreten und Äußeres erwecken den Anschein von Souveränität. Nach der Unterbrechung durch seine Ankunft setzt Sophie die Verhandlung fort. Sophie bleibt mit ihrem Urteil deutlich unter der Forderung des Staatsanwalts und legt Wert darauf, das Beste für das Kindeswohl zu tun.

Inhalt des vierten Sinnabschnitts

Als Nächstes (S. 17, Z. 20 – S. 19, Z. 29) wird Mia Holls Fall verhandelt. Kramer macht nun eifrig Aufzeichnungen und zeigt sich sehr interessiert an dem Fall. Das verwundert Sophie und Rosentreter. Bei Mia Holl handelt es sich um eine junge Frau, die ihren Meldepflichten nicht nachgekommen ist, aber einen gesunden Eindruck macht. Da sie sich bisher nichts hat zuschulden kommen lassen, will Sophie Mia zu einem Gesprächstermin einladen und ihr Hilfe anbieten. Kramer mischt sich ein und deutet an, dass Mia dem Gericht bereits bekannt sei. Als der nächste Fall zur Verhandlung ansteht, verlässt der Journalist den Raum.

Inhalt des fünften Sinnabschnitts

Bereits die Überschrift „Mitten am Tag, in der Mitte des Jahrhunderts" deutet darauf hin, dass die dargestellte Welt nur wenig von unserer heutigen entfernt ist. Auch wird durch die Wörter „mitten" und „Mitte" schon darauf ange-

Analyse: Analyse der Überschrift

spielt, dass in dieser Welt die Orientierung am Gewöhnlichen, Normalen vorherrscht; wie sich später herausstellen wird, ist das Normale hier letztlich eine Norm, an der sich alle auszurichten haben, wenn sie nicht als Gegner des Systems gelten wollen (vgl. S. 145).

Analyse des ersten Sinnabschnitts

Handlungsraum

„[U]nsere Geschichte" (S. 12, Z. 8) wird hier von einem auktorialen Erzähler begonnen. „[U]nsere" ist als typischer Pluralis Modestiae zu verstehen, sorgt aber gleichzeitig dafür, dass die Leser und Leserinnen der heutigen Zeit in die Romanwelt hineingezogen werden. Diese Welt weist viele Ähnlichkeiten mit der unsrigen auf: Es gibt Sendetürme, Kulturzentren, Freilichtmuseen, Solarzellen, Gerichtssäle. Andererseits – und hierin unterscheidet sich die Welt in der „Mitte des Jahrhunderts" – gibt es keine Abgase mehr, Autobahnen, Kohlegruben und Fabriken sind verlassen: Das Partizip „stillgelegt" kommt auf S. 11, Z. 9–13 vier Mal vor. Auch in den darauffolgenden Sätzen wird – u. a. durch die anaphorische Verwendung von „hier" am Satzanfang (S. 11, Z. 15–16) – betont, dass die neue Welt eine viel umweltfreundlichere ist. Auf den ersten Blick erscheint dies daher als eine wesentliche Verbesserung gegenüber heute. Doch es gibt irritierende Momente: Warum werden die Kirchen nicht mehr gebraucht (vgl. S. 11, Z. 13)? Wieso sind die Freilichtmuseen schlecht besucht (vgl. S. 11, Z. 14)? Weshalb leben die Menschen in nur vordergründig freundlicher, aber eigentlich gleichförmiger, monotoner Architektur („Kleine Würfelhäuser mit weiß verputzten Fassaden sprenkeln die Hänge, ballen sich zusammen und wachsen schließlich zu terrassenförmig gestuften Wohlkomplexen an"; S. 11, Z. 18–22)? Warum wird der Gerichtssaal auf die angeblich beste Arbeitstemperatur heruntergekühlt, wenn dies bedeutet, dass die Richterin frieren muss (vgl. S. 12, Z. 13–17)?

Oberflächliche Perfektion

Anscheinend ist also diese Welt „in der Mitte des einundzwanzigsten Jahrhunderts" (S. 12, Z. 7) nicht so perfekt, wie sie sich auf den ersten Blick zeigt. Sie erscheint vielmehr von einer gewissen Monotonie, Trostlosigkeit, Sterilität und Kälte geprägt. Dass ausgerechnet ein Gerichtssaal Handlungsort des ersten erzählenden Kapitels ist, deutet außerdem schon an, dass juristische Vorgänge einen wesentlichen Anteil an der Romanhandlung haben werden.

Hier geht das auktoriale Erzählen stellenweise in ein personales über. So wird aus Sophies Perspektive stark wertend dargestellt, wie sie zu Bell steht: Sie erinnert sich an seine „nervtötende[n] Vorträge über Rachenrauminfektionen" (S. 12). Auch die erlebte Rede „Als ob es in irgendeinem öffentlichen Raum im Land Keime gäbe!" (S. 13, Z. 2 – 3) zeigt, wie sehr sie seine Ausführungen auch nach acht Jahren noch stören.

Analyse des zweiten Sinnabschnitts

Persönlicher Konflikt Richterin – Staatsanwalt

Aus der Tatsache, dass öffentliches und privates Interesse sich den Konventionen entsprechend einen Tisch teilen, kann geschlossen werden, dass diese nicht wie im heutigen Verständnis voneinander abgetrennt werden. Das verweist bereits auf die Gleichsetzung von persönlichem und Allgemeinwohl, wie sie die „Methode" betont (vgl. S. 87, 161). Daher heißt es hier, dass es sich um eine „schöne Rechtstradition" handle (S. 13, Z. 12).

Öffentliches Interesse = privates Interesse

Während die beiden vorangehenden Sinnabschnitte großteils Beschreibungen sind, welche die räumlichen Voraussetzungen klären und wichtige Figuren vorstellen, beginnt nun eine szenische Darstellung mit wörtlichen Reden der agierenden Figuren. Die szenische Darstellung wird gelegentlich von kurzen berichtenden und beschreibenden Passagen unterbrochen, so, wenn Rosentreter als unsicherer „netter Junge" beschrieben wird (S. 13, Z. 17) oder seine Reaktion auf Sophies Vorschlag präsentiert wird. Dabei wird angedeutet, dass nicht nur zwischen privatem und öffentlichem Interesse nicht unterschieden wird, sondern sich wohl das private am öffentlichen Interesse zu orientieren hat: „Rosentreter wendet den Kopf, um den Vertreter des öffent-

Analyse des dritten Sinnabschnitts

Szenische Darstellung

lichen Interesses zu taxieren. Dieser nickt." (vgl. S. 13, Z. 26–27) Die szenische Darstellung ist der Situation der Güteverhandlung angemessen, da hier Rede und Gegenrede unmittelbar wiedergegeben werden können. Dadurch decken sich erzählte Zeit und Erzählzeit im Wesentlichen.

Fachvokabular aus Justiz und Medizin

Da es sich um einen juristischen Kontext handelt, in dem es um Verstöße im Gesundheitsbereich geht, verwenden die Figuren entsprechendes Fachvokabular, z. B. „Bagatelldelikt" (S. 13, Z. 15), „Missbrauch[…] toxischer Substanzen" (S. 14, Z. 11), „Verstoß[…] gegen das Gesetz über Krankheitsfrüherkennung bei Säuglingen" (S. 14, Z. 13 f.), „Kernspintomographie" (S. 14, Z. 9), „[z]erebrale Störungen" (S. 14, Z. 20), „allergische Sensibilität" (S. 14, Z. 21).

Sophie als korrekte, aber menschenfreundliche Richterin

Dem Abschnitt ist zu entnehmen, dass Sophie nicht nur dem Buchstaben des Gesetzes nach korrekt handelt, sondern sich in die Betroffenen und ihre Situation hineinversetzt und Mitgefühl zeigt („‚Wie furchtbar'", S. 15, Z. 3; „‚Das verstehe ich. Aber trotzdem. Das eigene Kind!'", S. 15, Z. 7). So fällt sie ein mildes Urteil für den jungen Mann, der das erste Mal gegen das Koffeinverbot verstoßen hat (vgl. S. 13, Z. 23 f.); im Fall der Kindesvernachlässigung informiert sie sich gründlich („‚Wie alt ist denn das Kleine?'", S. 14, Z. 16; „‚Wie konnte das passieren?'", S. 14, Z. 23), um auf einer differenzierten Grundlage entscheiden zu können. Ihr Ziel ist es ganz offensichtlich, für die Betroffenen eine menschliche Lösung zu finden und für die Zukunft zu helfen.

Gesundheit als oberstes Ziel: rigide Verhaltensregeln

Der Abschnitt legt dar, welche große Bedeutung der Gesundheit beigemessen wird. Ganz offensichtlich hat man es mit einem System zu tun, dass jegliche gesundheitsgefährdende Verhaltensweisen bannen will und alles für die Krankheitsprävention tut: Es sind keinerlei Genussmittel erlaubt, nicht einmal Koffein, geschweige denn Alkohol und Nikotin (vgl. S. 13, Z. 23 f., S. 14, Z. 11 f.); es gibt umfangreiche Pflichtuntersuchungen von Kindern (vgl. S. 14, Z. 18–22).

Von den Bürgern und Bürgerinnen wird absolute Einhaltung dieser rigiden Verhaltensregeln gefordert. Bei Verstößen wird sofort juristisch eingeschritten, wobei das Gericht umfassenden Zugang zu persönlichen, insbesondere medizinischen Daten hat: Fotografien des nackten Körpers, Röntgen-, Ultraschallbilder usw. (vgl. S. 14, Z. 6–9). Dadurch wird klar, dass der Mensch nichts verbergen kann, dass er ganz der staatlichen Kontrolle unterliegt.

Umfassende staatliche Kontrolle

Die Ausführlichkeit, mit welcher der Erzähler Heinrich Kramer beim Eintreten beschreibt, verdeutlicht, dass es sich hier um eine wichtige Figur handelt. Klar wird ebenfalls, dass Kramer über großes Selbstbewusstsein verfügt: So tritt er ungefragt ein und „scheint nicht bemüht, unnötigen Lärm zu vermeiden. Er bewegt sich mit der Selbstverständlichkeit eines Mannes, der überall Zutritt hat." (S. 15, Z. 12–14) Kramer scheint also mächtig und einflussreich zu sein. Durch sein stattliches Äußeres und seine formelle Kleidung wird dieser Eindruck unterstrichen (vgl. S. 15, Z. 14–18).

Analyse des vierten Sinnabschnitts

Kramers Einführung als eine der Hauptfiguren

Auch wird hier schon klar, dass von Kramer große Gefahr ausgeht, indem er mit einem Raubtier verglichen wird, mit dessen unvermitteltem Angriff stets zu rechnen ist: „Seine Bewegungsabläufe erinnern an die trügerische Gelassenheit einer Raubkatze, die, eben noch mit halb geschlossenen Lidern in der Sonne dösend, im nächsten Augenblick zum Angriff übergehen kann." (S. 15, Z. 18–22) Dennoch weist Kramer auch gut verborgene Schwächen auf; eine innere Unruhe scheint ihn umzutreiben, wie der auktoriale Erzähler weiß (vgl. S. 15, Z. 22–25). Kramer verwendet beim Betreten des Saals den für ihn typischen methodenkonformen Gruß „Santé" (S. 15, Z. 27), der von Bell entsprechend beantwortet wird (vgl. S. 16, Z. 1).

Gefährlichkeit Kramers

Dass das französische Wort für „Gesundheit", „Wohlbefinden" als offizielle Grußformel im Roman gilt (sie wird v. a. von Kramer benutzt, aber auch Rosentreter verwendet sie

Gesundheit als oberstes Ziel

beim Verlesen seines Rückzugs aus der Verteidigung, vgl. S. 253), unterstreicht erneut, dass die Gesundheit Kernziel des Staates ist. Kramer lässt die Anwesenden sofort spüren, dass sie unter seiner ständigen Beobachtung stehen: „,Das Auge der vierten Gewalt schläft nie.'" (S. 16, Z. 3) Auch die einschüchternde Wirkung, die der Journalist auf Rosentreter hat, wird bereits hier deutlich (vgl. S. 16, Z. 9 – 12). Daraufhin verhält sich Kramer erst einmal zurückhaltend, während Sophie, Bell und Rosentreter den Fall von Kindesvernachlässigung in kooperativer Weise zu Ende verhandeln. Aus Sophies Kompromiss aus den Forderungen Bells und Rosentreters wird wieder klar, dass sie für alle Betroffenen das Beste will, was sie zweimal betont: „,So wird sichergestellt, dass dem Kind nichts passiert, und die Familie bekommt noch eine Chance'" (S. 16, Z. 29 – S. 17, Z. 2), „,Hoffen wir mal, dass die Sache damit im besten Sinn erledigt ist'" (S. 17, Z. 15 – 17). Auch hier werden – dem Gegenstand entsprechend – wieder juristische Fachbegriffe verwendet wie „Maßregelvollzug" (S. 16, Z. 26), „Vormund" (S. 16, Z. 27), „Elternrecht" (S. 17, Z. 9), „schwere[…] Körperverletzung" (S. 17, Z. 13).

Auch hier wird der überwiegende Teil in szenischer Darstellung mit zahlreichen wörtlichen Reden erzählt. Während Kramer, der Gegenspieler der Hauptfigur Mia Holl, im vorausgehenden Abschnitt im Rahmen eines theatralischen großen Auftritts auf die Bühne des Gerichtssaals ausführlich persönlich vorgestellt wird, wird die Hauptfigur selbst nicht als Person eingeführt, sondern verdinglicht: Sie ist Gegenstand einer Verhandlung und wird lediglich als Fotografie und Datensatz präsentiert, über die sich die Anwesenden austauschen (vgl. S. 17, Z. 20 – S. 18, Z. 25 – 27). Im Zusammenhang mit dem Foto wird Mias Äußeres und Ausstrahlung beschrieben: Sie ist in ihren Dreißigern (später erfährt man, dass sie 34 Jahre alt ist, vgl. S. 85), wirkt aber – wie die Personen im Gerichtssaal – „unberührt", „alters-

Einschüchterung

Analyse des
fünften
Sinnabschnitts

Verdinglichte
Präsentation
der Hauptfigur

los", „fast kindlich", wie jemand, der „ein Leben lang von Schmerz verschont geblieben" ist (S. 17, Z. 27 – 29). Ganz offensichtlich ist das System also sehr effektiv in der Förderung und Erhaltung der Gesundheit der Bürger und Bürgerinnen. Dass der Erzähler ihre „hohe[...] Widerstandskraft" (S. 18, Z. 2) ausdrücklich erwähnt, deutet darauf hin, dass Mia im weiteren Verlauf der Handlung auf diese zurückgreifen werden muss.

Der Staatsanwalt sagt, wessen sie sich schuldig gemacht hat: „„Vernachlässigung der Meldepflichten [...] Schlafbericht und Ernährungsbericht wurden im laufenden Monat nicht eingereicht. Plötzlicher Einbruch im sportlichen Leistungsprofil. Häusliche Blutdruckmessung und Urintest nicht durchgeführt."" (S. 18, Z. 18 – 22)

Gesundheitsdelinquentin Mia Holl

Dass es sich hier um Delikte handelt, macht klar, dass ein totalitäres Regime vorliegt, in dem praktisch alle Lebensäußerungen und medizinischen Werte im Namen der Gesundheit überwacht werden und die Bürger und Bürgerinnen gezwungen sind, bei der Kontrolle zu kooperieren. Neben im Zusammenhang mit dem Thema Gesundheit erwartbaren Wörtern wie „Blutwerte" (S. 18, Z. 25), „Kalorienverbrauch" (S. 18, Z. 26) oder „Vorbelastungen" (S. 19, Z. 1) tauchen auch Begriffe auf, die weitere erste Einblicke in die Romanwelt gewähren: Menschen werden darin danach beurteilt, ob sie eine „Idealbiographie" haben (S. 19, Z. 2) wie Mia Holl; sie können offenbar die Dienste einer staatlichen Beziehungsanbahnung in Anspruch nehmen, der „Zentralen Partnerschaftsvermittlung" (S. 19, Z. 5 f.). Auch im Fall Mias reagiert Sophie wieder empathisch und will der Delinquentin eine Chance geben (vgl. S. 18, Z. 28, S. 19, Z. 7 – 11).

Gesundheitsdiktatur

Kramer verhält sich während dieser Verhandlung nicht mehr so zurückhaltend wie während der vorherigen. Er gibt indirekt Anweisungen an die Richterin (vgl. S. 18, Z. 11 – 13), macht eifrig Aufzeichnungen (vgl. S. 18, Z. 13 –

Einmischung Kramers in die Verhandlung

15), mischt sich ein, indem er die Anwesenden darauf hinweist, dass Mia Holl dem Gericht keine Unbekannte sei (vgl. S. 19, Z. 17–20), und geht nach dieser Verhandlung, was zeigt, dass er den Güteverhandlungen ausschließlich wegen Mia Holl beigewohnt hat.

Drohung Seine Antwort auf Bells Fragen, ob er schon fertig sei, „„Im Gegenteil. Ganz am Anfang'" (S. 19, Z. 25), liegt als Drohung in der Luft, als er den Saal verlässt. Außerdem hat er mit seiner Bemerkung über Mia dafür gesorgt, dass Sophie peinlich berührt ist, wie uns der allwissende Erzähler zu verstehen gibt („Wäre ihr Teint nicht ohnehin von gesunder Farbe, könnten wir sie erröten sehen", S. 19, Z. 21 ff.), Kramer hat also erfolgreich ihre Autorität und Professionalität infrage gestellt (vgl. S. 19, Z. 21–23).

Schluss: Abgründe hinter perfekter Oberfläche Mit dem Kapitel „Mitten am Tag, in der Mitte des Jahrhunderts" werden die Leser und Leserinnen mitten in die Romanwelt geworfen. Diese präsentiert sich auf den ersten Blick als eine sehr lebenswerte, heile Welt mit Wohlstand, ohne Umweltverschmutzung und bevölkert von äußerst gesunden Individuen. Es gibt eine Justiz, in der Richterinnen wie Sophie nicht nur dem Buchstaben des Gesetzes folgen, sondern sich mit Empathie um humane Urteile bemühen. Dass es um das Wohl des Menschen aber längst nicht so gut bestellt ist, dass vielmehr hinter der perfekten Oberfläche tiefe Abgründe lauern, wird ebenfalls schon in diesem Kapitel klar: So wird die Gesundheit der Bevölkerung mittels vieler strenger Verhaltensregeln und umfangreicher Überwachung erreicht.

Gesundheitsdiktatur Die Bürger und Bürgerinnen sind zur Kooperation gezwungen, alle Regeln einzuhalten und ihre Gesundheitsdaten permanent zu erfassen und dem Staat zur Verfügung zu stellen, sonst machen sie sich strafbar.

Keine faire, unabhängige Justiz Die Justiz wiederum agiert nicht so fair und unabhängig, wie es anfangs scheint: Das Allgemeinwohl scheint mehr zu zählen als das persönliche Wohl. Außerdem werden die Delinquenten nicht persönlich angehört, sondern es wird über sie in ihrer Abwesenheit verhandelt. Des Weiteren lassen sich Richterin, Staatsanwalt und Verteidiger von einem Medienvertreter wie Kramer, der eigentlich nur Berichterstatterfunktion haben sollte, beeinflussen und einschüchtern; er ist schon aus dem ersten Kapitel als Autor von „Gesundheit als Prinzip staatlicher Legitimation" bekannt (vgl. S. 8). Dass seine Macht beträchtlich sein muss, zeigen sowohl sein Auftreten als auch die Reaktionen der Justizangehörigen auf ihn.

Mit Mia Holl und Heinrich Kramer lernen die Leser und Leserinnen in diesem Kapitel beide Hauptfiguren kennen, allerdings nicht als gleichwertig. Die Tatsache, dass Kramer hier als Person auftritt, während Mia, deren Gegner er in der Romanhandlung ist, nur Verhandlungsgegenstand, aber nicht persönlich anwesend ist, macht deutlich, dass seine Position eine viel stärkere ist. Das wird sich auch am Ende des Romans bewahrheiten, wenn Mia Gehirnwäscheobjekt werden soll, nachdem Kramer offenbar seinen Einfluss bis zum Präsidenten des Methodenrats geltend gemacht hat (vgl. S. 263 f.).

Ungleichgewicht der Hauptfiguren

Beispiel für eine aspektgeleitete Textanalyse

Aufgabe: Analysieren Sie das Kapitel „Die ideale Geliebte" (S. 25 – 28) unter besonderer Berücksichtigung der inhaltlichen und erzähltechnischen Funktion der idealen Geliebten.

Einleitung, Benennung des übergeordneten Themas und Überleitung zur Aufgabenstellung

Es ist nicht ungewöhnlich, dass Kinder im Vorschulalter sich einen Freund, eine Freundin nur vorstellen, aber häufig und intensiv mit ihm oder ihr interagieren, wenn sie sich einsam fühlen. Von Erwachsenen kennt man dieses Phänomen seltener. Dennoch hat die Hauptfigur in Juli Zehs Roman „Corpus Delicti", Mia Holl, eine derartige imaginäre Freundin, genannt die „ideale Geliebte". Im Folgenden soll das Kapitel „Die ideale Geliebte" analysiert werden unter besonderer Berücksichtigung der inhaltlichen und erzähltechnischen Funktion dieser Figur.

Einordnung des Kapitels in den Romanzusammenhang

„Die ideale Geliebte" ist das fünfte Kapitel des Romans. Darin lernen die Leser und Leserinnen einerseits die Hauptfigur Mia Holl zum ersten Mal persönlich kennen, andererseits begegnet ihnen hier die ideale Geliebte, die in den vorausgehenden Kapiteln noch nicht vorkommt, ebenfalls zum ersten Mal. Da in dem Kapitel keine weiteren Figuren auftreten, betont dies umso mehr die enge Verbindung zwischen Mia und der idealen Geliebten, die sich über weite Teile der Romanhandlung erstrecken wird (bis S. 190).

Kurze Inhaltszusammenfassung des Kapitels

Die Handlung dieses Kapitels spielt in Mias Penthauswohnung, zu der sich Kramer gerade auf den Weg gemacht hat. Die Wohnung ist sehr unordentlich und schmutzig, weil sich Mia offensichtlich wochenlang nicht um sie gekümmert hat. Mia denkt laut über die Sinnlosigkeit des Lebens nach und lässt die Ideen ihres verstorbenen Bruders Moritz ausführlich Revue passieren, indem sie unablässig auf die ideale Geliebte einredet. Mithilfe von Notizen will sie Moritz' Lebensphilosophie und damit ihn selbst festhalten.

Die ideale Geliebte meldet sich erst ganz am Ende des Kapitels, unmittelbar ehe Kramer an der Tür klingelt, völlig lakonisch zu Wort.

Auffällig ist, dass das Kapitel nicht nach der Hauptfigur benannt wird oder nach beiden das erste Mal persönlich auftretenden Figuren. Des Weiteren spricht Mia ununterbrochen, während die ideale Geliebte schweigt und erst ganz am Ende kurz ihre Meinung äußert. Dennoch ist das Kapitel nach ihr benannt. Das betont ihre Bedeutung für Mia Holl.

Inhaltliche Funktion der idealen Geliebten: Scheinbarer Widerspruch zwischen Überschrift und Kapitel selbst

Außerdem wird in diesem Kapitel deutlich, dass Mia mithilfe der idealen Geliebten eine Verbindung zu ihrem toten Bruder herstellt. Das geht daraus hervor, dass sie ihr die Überlegungen ihres Bruders erzählt und sie dabei direkt anspricht: „„Natürlich verstehst du das. Es ist von Moritz'" (S. 26, Z. 8), „„Du hast ihn gekannt, wahrscheinlich besser als ich'" (S. 28, Z. 20 f.). Außerdem thematisiert die ideale Geliebte in ihrer einzigen Äußerung am Ende des Kapitels ihr gemeinsames Gedenken an Moritz: „„Wir machen doch nichts anderes, bei Tag und bei Nacht. Wir vermissen ihn. Gemeinsam.'" (S. 28, Z. 25 – 27) Dass Moritz seine Erfindung der idealen Geliebten genau in diesem Sinn Mia als Vermächtnis überlassen hat, erfährt man erst später (vgl. S. 44 – 46). Allerdings wird hier schon klar, dass es sich um eine Fantasiefigur handelt, denn „[d]ie ideale Geliebte hat mit Materie wenig gemeinsam" (S. 26, Z. 25 f.).

Verbindung zu Moritz

Mia ruft sich Moritz' Gedanken wieder ins Gedächtnis, indem sie sie gegenüber der idealen Geliebten artikuliert, sodass sie sie nicht so leicht vergisst. Ihr ist nämlich bewusst, dass die Gefahr des Vergessens der für sie sehr fremden Lebenseinstellung und daher nicht naheliegenden Gedankengänge Moritz' und damit auch seines Wesens groß ist, und dies will sie auf jeden Fall vermeiden: „„Das menschliche Gedächtnis sortiert 96 Prozent aller Informationen nach wenigen Tagen aus. Vier Prozent Moritz sind nicht genug. Mit vier Prozent Moritz kann ich nicht weiterleben.'" (S. 27, Z. 18 – 21) Daher will sie ihre Erinnerungen auch schriftlich festhalten: „'Ich muss das aufschreiben. Ich muss *ihn* aufschreiben.'" (S. 27, Z. 17 f.) Für Mia ist die ideale Geliebte die einzige Person, mit deren Hilfe sie Moritz nahekommen kann, und sie tut das, indem sie ihr von ihm erzählt.

Verbündete gegen die „Methode"

Die ideale Geliebte wird damit zu Mias Verbündeten, mit der sie sich zu Hause in ihrer Wohnung zurückzieht vor den Forderungen, die die Welt draußen, insbesondere die „Methode" in Form der Befolgung von Regeln, der Kontrolle, das Ableistens von Sportpensen, von Messungen usw. an sie stellt. Die ideale Geliebte hat in dieser Hinsicht keinerlei Ansprüche an Mia, sodass diese in ihrer Gegenwart nicht im Sinne der „Methode" funktionieren muss; sie ermöglicht Mia die Erfahrung von Freiheit. Im Gegensatz zu den staatlichen Institutionen stört sich die ideale Geliebte z. B. nicht an dem „Chaos" in Mias Wohnung (S. 26, Z. 5), sondern räkelt sich in aller Ruhe nackt auf dem sonnenbeschienenen Sofa (vgl. S. 25, S. 12 – 14), während Mia die ganze Zeit am Schreibtisch sitzt. Möglicherweise hängt es mit dieser nicht auf das Funktionieren gerichteten Art der idealen Geliebten zusammen, dass sich Mia vorstellen kann, ein vollkommen willkürlich gestaltetes, aber an etwas Natürliches erinnerndes, zweckfreies Kunstwerk nach ihr zu benennen (vgl. S. 25, Z. 1 – 9).

Passiv wirkende Zuhörerin

Vom auktorialen Erzähler erfahren wir anfangs, dass nicht klar ist, ob die ideale Geliebte Mia überhaupt zuhört oder anschaut (vgl. S. 25, Z. 14 – 22). Erst am Ende, als sie schließlich heftig reagiert, indem sie ihre Entgegnung gleich mit einem Schimpfwort beginnt („'Red keinen Scheiß'", S. 28, Z. 25), erfährt man, dass die ideale Geliebte offensichtlich eine durchaus aufmerksame Zuhörerin ist, die Mias unablässigen Redeschwall vorher einfach nicht unterbrochen hat. Mia scheint dies relativ wenig zu stören, da sie so mit den Erinnerungen an Moritz beschäftigt ist, weil sie diese ja auf jeden Fall konservieren will. Gelegentlich stellt sie zwar eine rhetorische Frage („„Verstehst du?'", S. 26, Z. 4), richtet vorwurfsvoll einen Stift auf die ideale Geliebte (vgl. S. 27, Z. 7 f.) oder wendet sich ihr zu, ohne eine Antwort zu erhalten (vgl. S. 26, Z. 11 f.), beharrt aber nicht auf irgendeiner Reaktion, wie sie ein normaler Mensch vielleicht allzu voreilig bieten würde. Gerade die Tatsache, dass die ideale Geliebte kein gewöhnliches Gegenüber ist, scheint Mia gutzutun (vgl. S. 26, Z. 26 f.). Dennoch bewahrt Mia ihr gegenüber eine gewisse Distanz: Mia sitzt die ganze Zeit über am Schreibtisch, beschäftigt mit ihrer Erinnerung an Moritz und wendet sich ihrer Gesprächspartnerin nur zweimal zu, indem sie ihren Stuhl zur idealen Geliebten umdreht (vgl. S. 26, Z. 11 f., S. 28, Z. 13 f.). Erst auf die explizite Aufforderung der idealen Geliebten hin ganz am Schluss: „„Komm her'" (S. 28, Z. 27), macht sie Anstalten, den Schreibtisch zu verlassen und sich von ihr umarmen zu lassen (vgl. S. 28, Z. 28 f.).

Mia hat sich das ganze Gespräch über mit den philosophischen Problemen, die Moritz interessiert haben (z. B. dem Sinn des Lebens, den Folgen naturwissenschaftlicher Erkenntnisse, dem Wesen der Liebe usw.), beschäftigt; ihre Gedankengänge werden passend zu ihrer Komplexität häufig in langen Hypotaxen, zum Teil in Form von Fragen formuliert, z. B.: „„Wie, fragte er, soll man einen Gegenstand oder gar ein geliebtes Wesen betrachten, wenn man ständig daran denken muss, dass nicht nur das Betrachtete, sondern auch man selbst nur ein Teil des gigantischen Atomwirbels ist, aus dem alles besteht?'" (S. 26, Z. 15 – 20) Umso größer ist der Kontrast, als sich die ideale Geliebte am Ende zu Wort meldet: Ihre Äußerung ist sprachlich ganz einfach gehalten, zum Teil umgangssprachlich, überwiegend aber alltagssprachlich und besteht nur aus wenigen parataktischen, zum Teil elliptischen Aussagesätzen und

Mitfühlende Gefährtin

zwei kurzen Aufforderungssätzen. So bringt ironischerweise ausgerechnet sie, die zusammenfantasierte Freundin, die in ihren Gedanken abgehobene Mia wieder auf den Boden der Tatsachen zurück und erdet sie. Die ideale Geliebte ist also nicht nur eine Zuhörerin und Vertraute für ihre Anliegen, sondern eine Gefährtin, die ihr Trost, Zuwendung und Wärme geben will, worauf Mia im Lauf der Zeit auch immer mehr eingeht (vgl. S. 189 f.).

Erzähltechnische Funktion der idealen Geliebten: Darstellung innerer Handlung als äußere

Die Einführung einer imaginären Freundin Mias ermöglicht die Darstellung einer inneren Handlung als äußere. Mias Gedankengänge, ihre Erinnerung an ihren Bruder und dessen Überlegungen werden statt in einer langen rein reflexiven Passage (z. B. als innerer Monolog) in einem Zwiegespräch präsentiert. Zwar nimmt an diesem die Gesprächspartnerin erst ganz am Ende aktiv teil, doch wirkt es durch die begleitenden Handlungen Mias, die sich immer wieder auf die ideale Geliebte beziehen (vgl. S. 26, Z. 11 f., S. 27, Z. 7 f.), stark aufgelockert und daher lebendiger als beispielsweise eine Gedankenrede. Zur Lebendigkeit trägt auch bei, dass weitgehend zeitdeckend erzählt wird, sodass die Leser und Leserinnen die Handlung einfach mitverfolgen können. Möglicherweise ist die Darstellung in Form einer szenischen Darstellung der Bühnenfassung von „Corpus Delicti" geschuldet, aus der der Roman hervorgegangen ist.

Darbietung ernster Thematik mit Leichtigkeit und Komik

Die erwähnte Auflockerung ist v. a. deshalb von Vorteil, weil sich Mia in diesem Kapitel mit sehr schwierigen, tiefgründigen Fragen auseinandersetzt. Diese ernste Thematik erhält durch die von der Autorin gewählte Darstellungsweise nicht nur mehr Lebendigkeit, sondern auch mehr Leichtigkeit, sogar eine gewisse Komik, wenn die ideale Geliebte Mia am Ende erdet durch ihre schroffe Aufforderung „„Red keinen Scheiß'" (S. 28, Z. 25) und – obwohl sie „mit Materie wenig gemeinsam hat" (S. 26, Z. 25 f.) – Mia umarmen will (vgl. S. 28, Z. 27 f.). Komik entsteht aber nicht nur bei kon-

kreten Äußerungen oder Handlungen der idealen Geliebten, sondern allein dadurch, dass es sich dabei ja um eine
erfundene Gestalt, sozusagen eine Fiktion innerhalb der
Fiktion des Romans handelt. Im weiteren Verlauf der Handlung werden die Möglichkeiten der Komik noch weiter aus-
geschöpft, wenn z. B. weitere Personen anwesend sind,
welche die ideale Geliebte nicht wahrnehmen können, sodass sie annehmen, Mia Holl führe Selbstgespräche (vgl.
S. 122 f., 175), oder wenn die ideale Geliebte in die Handlung eingreift, indem sie Dinge verstellt (vgl. S. 173). Dass
ironischerweise diese fiktive Figur gerade in einer durch
und durch rationalisierten Welt ins Leben gerufen worden
ist, macht sie überdies zur subversivsten Gestalt des Romans: Sie existiert in der Welt der „Methode", aber ist ihr
dennoch komplett entzogen, da ihr die Körperlichkeit
fehlt, jenseits dessen die „Methode" nichts kennt.

Die auf den ersten Blick befremdende Gestalt der idealen
Geliebten erfüllt sowohl auf inhaltlicher wie auch auf er-
zähltechnischer Ebene wichtige Funktionen im vorliegenden Kapitel wie im ganzen Roman. Die ideale Geliebte ist
als von Moritz übernommene Fantasiefreundin Mias Binde-
glied zu ihrem verstorbenen Bruder und dessen Ansichten,
die wesentlich für Mias weitere Entwicklung werden. Darüber hinaus ist sie die Verbündete der Hauptfigur gegen die
„Methode" und ihre Zumutungen, ein Ausgleich zur Ideologie des Systems. Sie hört Mia nicht nur zu, sondern tröstet
und erdet sie auch. Darüber hinaus ermöglicht die Figur
der idealen Geliebten einen höheren Anteil äußerer Handlung und sorgt für Auflockerung durch Komik. Als körperlo-
se Fiktion innerhalb der Fiktion eines nur dem Körper ver-
pflichteten Systems wirkt sie letztendlich subversiv.

Schluss:
Zusammen-
fassung der
Ergebnisse

Der Blick auf die Prüfung: Themenfelder

Dieses Kapitel dient zur unmittelbaren Vorbereitung auf die Prüfung. Die wichtigsten Themenfelder werden in einer übersichtlichen grafischen Form dargeboten. Außerdem verweist eine Liste mit Literatur und Internetadressen auf mögliche Quellen für Zusatzinformationen.

Die schematischen Übersichten können dazu genutzt werden,

- die wesentlichen Deutungsaspekte des Romans kurz vor der Prüfungssituation im Überblick zu wiederholen,
- die Kerngedanken des Romans noch einmal selbstständig zu durchdenken und
- mögliche Verständnislücken nachzuarbeiten.

Zum Verständnis der Schemata ist eine gute Textkenntnis des Romans und die Kenntnis der vorausgehenden Kapitel unerlässlich. Die folgenden Schwerpunktsetzungen beruhen auf Erfahrungen aus jahrelanger Prüfungspraxis. Die Übersicht IV (Vergleichsmöglichkeiten mit anderen literarischen Werken, S. 136) soll als Anregung dienen, um den eigenen Lektürekanon auf möglicherweise interessante Vergleichspunkte hin abzuklopfen.

Übersicht I: Zentrale Themen:
Gesundheit; Sicherheit und Freiheit; Einfluss der Medien und Gewaltenteilung

Gesundheit

- Gesundheit und körperliche Unversehrtheit als oberstes individuelles und allgemeines Ziel
  → alle erdenklichen Maßnahmen zur Förderung von Hygiene und Gesundheit
  → oberflächlich positiver Eindruck sowohl auf Bürger und Bürgerinnen als auch Leser und Leserinnen

- Probleme:
  - Zerstörung des Immunsystems durch übertriebene Präventionsmaßnahmen
  - gravierende Folgen der externen Kontrolle und der internalisierten Vorschriften (s. mittlere Spalte)
  - Bewertung des Individuums nach seinen medizinischen Daten

Sicherheit und Freiheit

- lückenlose staatliche Überwachung, Sammlung aller Daten (überwiegend medizinischer Natur)
  → umfassende Kontrolle der Bürger und Bürgerinnen durch den Staat, absolute Macht des Staates durch Zugang zu gesammelten Daten, z. B. ungefragter Zugriff durch Justiz

- offizielle Begründung: Sicherheit und Unversehrtheit, Beibehaltung und Verbesserung des *status quo*, obwohl absolute Sicherheit unmöglich herstellbar
  → unkritische Haltung der Bürger und Bürgerinnen gegenüber dem System
  → Internalisierung der Regeln, bereitwillige Kooperation beim Messen und Sammeln

Einfluss der Medien und Gewaltenteilung

- Funktion der Medien in Demokratien:
  - Information und Meinungsbildung der Bevölkerung
  - inoffiziell „vierte Gewalt" neben Legislative, Judikative und Exekutive

- im Roman Machtmissbrauch der Medien:
  - Verbreitung von *fake news*
  - Propaganda für die Staatsideologie
    → einseitige Manipulation der Bürger und Bürgerinnen
  - Hetzkampagne gegen die vermeintliche Terroristin Mia Holl u. a.
  - Verselbstständigung der medialen Figur Mia Holl

- Gewaltenteilung nicht vorhanden:
  - Grundlage der staatlichen Ordnung vom Journalisten Kramer entworfen

- Gleichsetzung von persönlichem und allgemeinem Wohl vor
- übertriebene Furcht vor Krankheit, Hinfälligkeit, Risiko, Schmutz, Genussgiften
→ Verlust von Lebensfreude
- Erheben der Gesundheit zur Norm
→ Krankheit als moralische Schwäche, Abweichung von der Norm als Staatsfeindschaft

● Folgen der externen Kontrolle und der Umsetzung der internalisierten Vorschriften: keine von den Regeln abweichenden Handlungen, keine eigenen Überlegungen, keine individuellen Entscheidungen, keine Selbstverwirklichung, keine Privatsphäre, keine Lebensqualität, keine Freiheit
● Technologie im Roman ähnlich der heutigen
→ Szenario des Romans nicht weit von der Realität entfernt

- Kramers Beeinflussung der Justiz durch Veröffentlichungen, Manipulationen in Zusammenarbeit mit dem Methodenschutz und durch Aussagen vor Gericht
- Methodenschutz als Geheimpolizei
- Richter als Marionetten des Methodenschutzes
- am mächtigsten: Medienvertreter Kramer
- keine Chance auf freie Meinungsäußerung

Übersicht II: Mia Holl im Spannungsfeld zwischen Heinrich Kramer und Moritz Holl – die Entwicklung der Hauptfigur

Heinrich Kramer als Vertreter der „Methode"

- hat die Grundlage für das System gelegt
- beeinflusst die gesamte Öffentlichkeit durch seine journalistische Arbeit im Sinn der „Methode"
- als Vertreter der „Methode" präsentiert er sich wie diese menschenfreundlich: Gesundheit als höchster Wert
- beharrt wider besseres Wissen auf absoluter Richtigkeit der Ideologie
- handelt völlig skrupellos
- missbraucht den Fall von Moritz und Mia
- betrügt und erpresst
- schürt Furcht, droht
- manipuliert und instrumentalisiert Feinde wie Freunde
- arbeitet mit dem Methodenschutz zusammen
- nimmt Einfluss auf Justiz
- versteckt seine Schwächen geschickt
- einziges Ziel: Erhalt seiner mächtigen Position im System, unabhängig von der Ideologie als solcher

Mia Holl

A) verhält sich systemkonform, ist überzeugt von der „Methode", handelt vernunftorientiert →

B) ist etwas verunsichert, hat erste Zweifel an Richtigkeit des Systems, zeigt widersprüchliches Verhältnis zur „Methode" →

C) entdeckt ihre emotionale Seite, übernimmt Moritz' Sicht, kritisiert das System, nimmt den Kampf gegen die „Methode" auf, beansprucht ihre Freiheit, will ihre Würde verteidigen

Moritz Holl als Gegner der „Methode"

- hat als Kind eine schwere Krankheit überstanden
- ist lebenshungrig, sinnenfreudig
- denkt über Sinn des Lebens nach
- vertritt die Meinung: Vergänglichkeit und Tod geben dem Leben seinen Wert
- Freigeist
- spricht sich für individuelle Entfaltung und Selbstbestimmung aus
- kritisiert die Ideologie der „Methode" in ihren Grundsätzen
- kritisiert „Methode" aufgrund rein rationaler Einschätzung der Datenlage (DNA-Nachweis) verurteilt
- begeht Suizid
- hinterlässt als Vermächtnis für Mia ideale Geliebte
- Erkenntnis: Opfer eines Justizskandals des vermeintlich unfehlbaren, aber unmenschlichen Systems

Übersicht III: Gattungsmerkmale der Dystopie im Roman „Corpus Delicti"

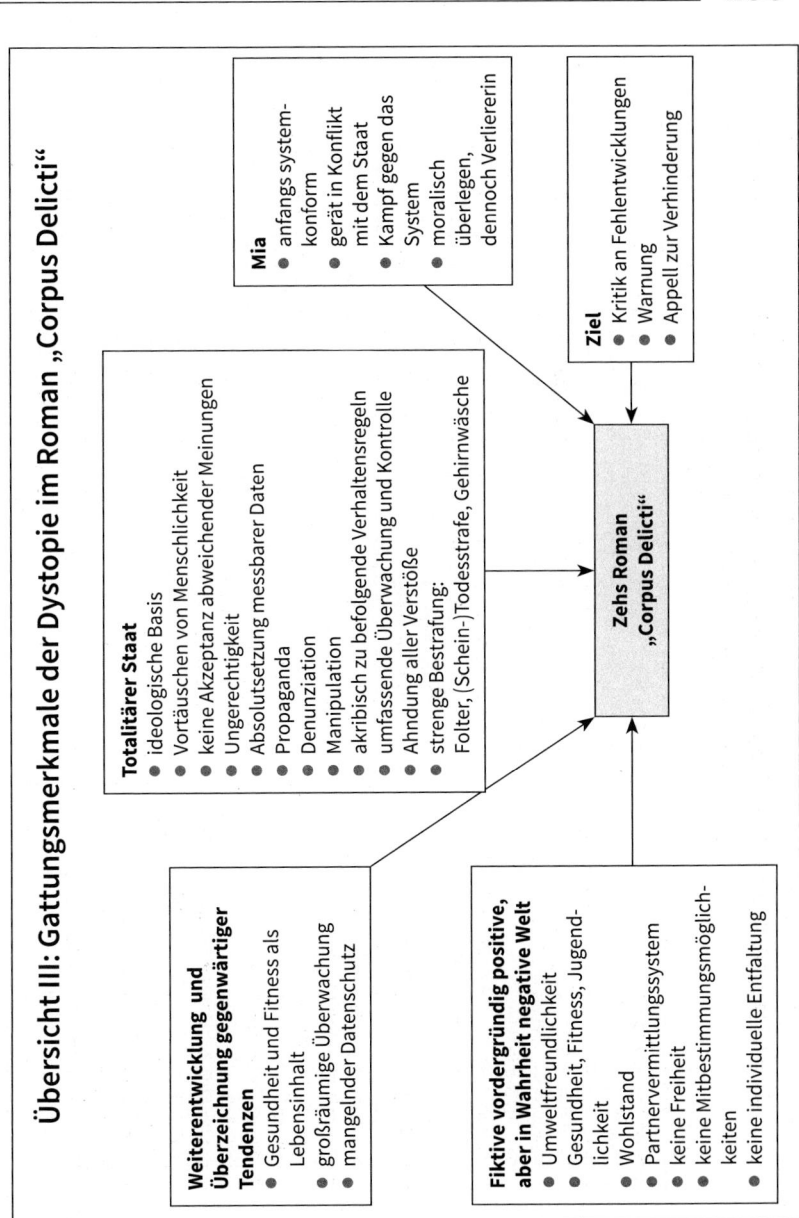

Totalitärer Staat
- ideologische Basis
- Vortäuschen von Menschlichkeit
- keine Akzeptanz abweichender Meinungen
- Ungerechtigkeit
- Absolutsetzung messbarer Daten
- Propaganda
- Denunziation
- Manipulation
- akribisch zu befolgende Verhaltensregeln
- umfassende Überwachung und Kontrolle
- Ahndung aller Verstöße
- strenge Bestrafung: Folter, (Schein-)Todesstrafe, Gehirnwäsche

Weiterentwicklung und Überzeichnung gegenwärtiger Tendenzen
- Gesundheit und Fitness als Lebensinhalt
- großräumige Überwachung
- mangelnder Datenschutz

Fiktive vordergründig positive, aber in Wahrheit negative Welt
- Umweltfreundlichkeit
- Gesundheit, Fitness, Jugendlichkeit
- Wohlstand
- Partnervermittlungssystem
- keine Freiheit
- keine Mitbestimmungsmöglichkeiten
- keine individuelle Entfaltung

Mia
- anfangs systemkonform
- gerät in Konflikt mit dem Staat
- Kampf gegen das System
- moralisch überlegen, dennoch Verliererin

Ziel
- Kritik an Fehlentwicklungen
- Warnung
- Appell zur Verhinderung

Zehs Roman „Corpus Delicti"

Übersicht IV: Vergleichsmöglichkeiten mit anderen literarischen Werken

Vergleiche auf der Ebene der Themen und Motive, z. B. hinsichtlich

- des Verhältnisses zwischen Körper, Geist und Seele:
  Schillers *Über die ästhetische Erziehung des Menschen*
- der Rolle der Medizin:
  Büchners *Woyzeck*
- der Auffassung von Freiheit:
  Schillers *Maria Stuart*,
  Schillers *Don Carlos*
- der Machtverhältnisse zwischen Staat und Untertan:
  Büchners *Hessischer Landbote*,
  Heinrich Manns *Untertan*,
  Zuckmayers *Der Hauptmann von Köpenick*
- der Darstellung der Justiz:
  Kafkas *Der Process*
- der gesellschaftlichen Rolle der Medien:
  Bölls *Die verlorene Ehre der Katharina Blum*
- der Figur der Hexe:
  Goethes *Faust I*
- der Geschwisterbeziehung:
  Goethes *Iphigenie auf Tauris*

Figurenvergleiche, z. B. von Mia Holl mit

- Katharina Blum aus Bölls *Verlorene Ehre der Katharina Blum*
- Josef K. aus Kafkas *Process*
- Margarete aus Goethes *Faust I*
- Die Marquise von O. aus Kleists gleichnamiger Novelle
- Maria Stuart aus Schillers gleichnamigem Drama

**Intertextualität:
Vergleich mit anderen dystopischen Werken**

- der deutschen Literatur, z. B. Leif Randts *Schimmernder Dunst über Coby County*, Marc-Uwe Klings *QualityLand*, Julia von Lucadous *Die Hochhausspringerin*
- der internationalen Literatur, z. B. Jewgeni Samjatins *Wir*, Aldous Huxleys *Brave New World*, George Orwells *1984*, Ray Bradburys *Fahrenheit 451*, Dave Eggers' *The Circle*, Margaret Atwoods *The Heart Goes Last*
- des Films, z. B. *Gattaca*, Folgen der TV-Serie *Black Mirror*

Zehs Roman „Corpus Delicti"

Literatur und Internet-adressen

Textausgabe

Juli Zeh: Corpus Delicti. Ein Prozess. München: btb 2010
(= btb 74066).

Weitere Informationen

Zur Gattung der Dystopie:

Gnüg, Hiltrud: Utopie und utopischer Roman. Stuttgart:
Reclam 1999 (= RUB 17613).
Schölderle, Thomas: Geschichte der Utopie. Eine Einführung. 2., überarbeitete und aktualisierte Aufl. Köln: Böhlau 2017 (= utb 3625).

Zum ersten Überblick über Autorin und Buch:

Dautel, Klaus: Corpus Delicti. Ein Prozess. (https://wiki.
zum.de/wiki/Corpus_Delicti._Ein_Prozess (25.10.2018))
Iwanowitsch, Hanjo: Zehn Minuten Zeh. (www.ats20.de/
blog/uploads/dateien/fachverband/zeh-konzentrat.
pdf; veröffentlicht 2010 (25.10.2018))

Rezensionen des Romans:

Finger, Evelyn: Das Buch der Stunde. (https://www.zeit.
de/2009/10/L-Zeh; veröffentlicht 2009 (25.10.2018))
Höbel, Wolfgang: Hexe im Tiefkühlfach. (www.spiegel.de/
spiegel/print/d-64283877.html; veröffentlicht 2009
(25.10.2018))
Krumbholz, Martin: Gesundheitsdiktatur als Zukunftsvision. (www.deutschlandfunk.de/gesundheitsdiktatur-als
-zukunftsvision.700.de.html?dram:article_id=84085;
veröffentlicht 2009 (25.10.2018))

Zum Thema Überwachung, Sicherheit und Datenschutz:

Heller, Christian: Post-Privacy. Prima leben ohne Privatsphäre. München: Beck 2011.

Simon, Anne-Catherine/Simon, Thomas: Ausgespäht und abgespeichert. Warum uns die totale Kontrolle droht und was wir dagegen tun können. München: Herbig 2008.

Trojanow, Ilija/Zeh, Juli: Angriff auf die Freiheit. Sicherheitswahn, Überwachungsstaat und der Abbau bürgerlicher Rechte. München: dtv 2009.

Utler, Simone: Öffentliche Videoüberwachung – Mit Sicherheit weniger Freiheit. (www.spiegel.de/panorama/justiz/oeffentliche-videoueberwachung-mit-sicherheit-weniger-freiheit-a-811192.html; veröffentlicht 2012 (25.10.2018))

Zeh, Juli: Schützt den Datenkörper! (11. Februar 2014) In: Technologischer Totalitarismus. Eine Debatte. Hrsg. v. Frank Schirrmacher. Berlin: Suhrkamp 2015, S. 29 – 37.

Notizen

Notizen